Collection
Rolf Heyne

ANTONIO CARLUCCIO

Die Küche des italienischen Südens

160 Rezepte aus Kampanien, Apulien, Kalabrien und Sizilien

REZEPTFOTOS
PHILIP WEBB

WILHELM HEYNE VERLAG
MÜNCHEN

Titel der englischen Originalausgabe:
Antonio Carluccio's
Southern Italian Feast

Ins Deutsche übertragen
von Angelika Feilhauer

Die Originalausgabe erschien im
Verlag BBC Books, London

ISBN 3-453-13766-3

Umschlaggestaltung: Art & Design
Norbert Härtl, München, unter
Verwendung eines Fotos von Peter
Johnson
Buchgestaltung: Harry Green
Fotografie: Foodfotos Philip Webb;
alle übrigen Cassie Farrell;
S. 5: Steve Watkins; S. 12, 18 und
27: Antonio Carluccio/ Gennaro
Contaldo; S. 35, 104 und 172:
Susan King

Satz: KortSatz GmbH, München
Druck und Bindung:
Butler and Tanner Ltd., Frome

Printed in Great Britain

Einige der Gerichte in diesem Buch werden mit Wildpilzen zubereitet. Das Kochen und Verzehren mancher Wildpilzarten kann gefährlich sein. Wenn Sie auch nur den geringsten Zweifel an der Eßbarkeit Ihrer selbstgesammelten Pilze haben, essen Sie sie auf keinen Fall. Verlag und Autor übernehmen keinerlei Verantwortung für die Folgen irgendwelcher Irrtümer bei der Bestimmung und Verwendung von Pilzen.

Ich widme dieses Buch meinen Stiefenkeln
Scott, Milton, Theo, Mo und Molly, die mich zu
meiner Zufriedenheit *Grandpa Cep* nennen.

DANKSAGUNG

Herzlichst danken möchte ich den folgenden Personen, die auf die eine oder andere Weise zu diesem Buch beigetragen haben:
Arch. Mattia Antonio Aciti; Arch. Riccardo Dalisi; Don Pippo Benedetto; Vivien Bowler; Priscilla Carluccio; Carluccio's; Francesco Casertano; Antonino Colonna; Gennaro Contaldo; meine Tante Dora; Luciana Florio; Hotel Giordano, Ravello; Hotel Su Gologone, Sardinia; Instituto Cavalcanti, Accademia della Pizza, Napoli; Jane Middleton; The Neal Street Restaurant; Caterina und Antonio Palmeri; Pastificio Setaro; Donatella Limentani Pavoncello; Helen Payne; Isabella Pezzolla; Frank Phillips; Signor Pizzimenti; Sally Potter; Liz Przybylski; Gherardo Scapinelli; Steve Watkins; Philip Webb.

INHALT

»Chist'e' o paese do' sole«, heißt es in einem beliebten alten neapolitanischen Lied. Absolut richtig – dies ist »das Land der Sonne«.

EINLEITUNG

Durch puren Zufall hatte ich das Glück, in der Mitte dieses Landes geboren zu werden. Mein Vater war Stationsvorsteher in dem Dorf Vietri sul Mare an der herrlichen Küste von Amalfi, und ursprünglich kam er aus Benevento in Kampanien. Als ich drei Monate alt war, siedelte meine Familie in den Norden um, wo ich in einer anderen prächtigen Gegend, dem Monferrato, aufwuchs. Ich bin sehr froh darüber, in verschiedenen Gegenden aufgewachsen zu sein, denn so erhielt ich, durch die Kochkünste meiner Mutter bedingt, die Grundlagen für das, was meine professionelle Leidenschaft werden sollte: die italienische Küche. Anders als die meisten Italiener, die im Hinblick auf Essen sehr engstirnig sind, pflegte meine Mutter auch Rezepte aus anderen Gegenden zu kochen, egal wo wir gerade lebten. Und so entwickelte sie ein großes Repertoire an Spezialitäten, von denen viele aus dem Süden stammten, was die Aufgabe, eine Familie mit sechs Kindern zu ernähren, selbst in Kriegszeiten etwas weniger erschreckend machte. Da sie das Talent besaß, auch einfache Zutaten phantasievoll zuzubereiten, servierte sie uns wohlschmeckende, nahrhafte Gerichte, die wir stets mit Begeisterung verspeisten, selbst wenn es sich nur um Kohl handelte.

Essen spielt im Leben der Italiener eine sehr wichtige Rolle, und sie geben einen beträchtlichen Teil ihres Einkommens dafür aus. Sie sind davon überzeugt, daß es Leib und Seele zusammenhält, also nicht nur den Körper, sondern auch den Geist nährt. Man muß nur einmal einer Familie bei Tisch zuschauen, um zu erkennen, welch wichtiges Mittel das Essen für den Zusammenhalt dieser sozialen Gruppe darstellt.

Die Leidenschaft für gutes Essen teilen in Italien gleichermaßen Arm und Reich. In der Vergangenheit waren die Armen auf ihren Erfindungsreichtum angewiesen, um mit ihren begrenzten Mitteln vielfältige und reizvolle Gerichte zu ersinnen, die heute unter dem Begriff *cucina*

Blumenbedeckte sizilianische Hügel im Frühjahr

povera bekannt sind und als die Klassiker der modernen italienischen Küche gefeiert werden. In Restaurants setzt man diese wiederentdeckten Gerichte auf die Speisekarte und bereitet sie mit Produkten von Kleinerzeugern aus der Region zu, die ebensosehr um Qualität bemüht sind.

Die mediterrane Küche, von amerikanischen Ernährungsexperten »entdeckt« und heute in aller Munde, kennt man in Italien schon lange. Vor allem im Süden wurden all die herrlichen Dinge, die heute als grundlegend für eine ausgewogene Ernährung gelten – Olivenöl, Pasta, Hülsenfrüchte, Brot, frisches Obst, Gemüse, Fisch, weißes Fleisch und Wild – vor zweitausend Jahren schon ebensohäufig verwendet wie heute.

Dennoch ist die Euphorie über die mediterrane Küche meiner Ansicht nach mit Vorbehalt zu genießen. Zweifellos hat sie das Etikett »gesund« verdient, doch im Bemühen um eine gesunde Lebensweise sind die Zutaten nur *ein* Aspekt. Der Süden bietet alle Elemente, die zu einem guten Leben gehören. Essen ist um vieles vergnüglicher, wenn man es in angemessener Umgebung und in geselliger Runde zu sich nimmt. Man wird ein einfaches Mahl aus Fisch und Gemüse, einem Wein der Gegend und einem Nachtisch aus frischen Früchten vermutlich viel mehr genießen, wenn man mit Freunden in der warmen Sonne unter einer Pergola sitzt, den blauen Himmel über sich und das blaue Meer vor Augen, als wenn man allein in einer kleinen Wohnung in einer grauen, schmutzigen Stadt ißt.

Die allgemeine Begeisterung der Italiener für gute Küche hat auch zur Folge, daß erstklassige Lebensmittel erzeugt werden. In Italien bekommt man in kleinen Geschäften oder an Marktständen, die anspruchsvolle Kunden anlocken wollen, indem sie nur beste Ware anbieten, immer noch hochwertige Produkte. Aber auch in Italien gewinnen Supermärkte an Boden, und sie nehmen für sich in Anspruch, eine größere Produktpalette anzubieten als traditionelle Geschäfte.

Auch wenn ich ihre Bemühungen respektiere, muß ich sagen, daß das Resultat nicht immer befriedigend ist. Wenn Waren in großen Mengen erzeugt werden, leidet meist als erstes die Qualität. Zudem beschäftigen Supermärkte selten qualifiziertes Personal, das dem Kunden über die Qualität des Angebotenen Auskunft geben kann. Und die Verlockungen eines unbegrenzten Angebotes führen oft dazu, daß Kunden entgegen besserem Wissen handeln und zum Schluß einen riesigen Einkaufswagen schieben, in dem sich überflüssige Dinge türmen.

Ich bin froh, daß wenigstens in Italien und insbesondere im Süden regional erzeugte Produkte noch immer einen Platz in kleinen Läden haben, in denen man Waren ansprechend präsentiert und den Kunden oft im persönlichen Gespräch noch eine neue Garmethode oder einen Tip zur Zubereitung verrät.

Aber ich verfolge mit einer gewissen Besorgnis die Anstrengungen der Europäischen Union, die die Herstellungsmethoden für Käse und viele andere Nahrungsmittel gern standardisieren würde. An dem Tag, an dem einzigartige Produkte, die seit Jahrhunderten auf die gleiche Weise bereitet wurden, unter diese Gesetzgebung fallen, wird es mit der guten Küche vorbei sein.

Nachdem ich im gesamten Süden Italiens gefilmt und zahllose Märkte und Geschäfte besucht habe, kann ich aber zu meiner Freude sagen, daß dieser Punkt noch nicht erreicht ist. Die Begeisterung, mit der Einheimische mir halfen, das kulinarische Italien von seiner besten Seite zu zeigen, war überwältigend. Unser gesamtes Team genoß die echte Gastfreundschaft des Südens, was uns unsere Aufgabe enorm erleichterte. Ich betrachte es als Ehre und Privileg, Ihnen hier das vorstellen zu dürfen, was ich für die Mutter aller Küchen halte. Genießen Sie die Küche des italienischen Südens!

ANTONIO CARLUCCIO

DIE SPEISEKAMMER DES SÜDENS

Die kulinarische Landschaft des italienischen Südens unterscheidet sich völlig von der des Nordens und mag im Vergleich ein wenig kärglich erscheinen. Dies ist zum Teil durch das Wesen des Südens – die Sonne und das beinahe ganzjährige Angebot an frischem Obst und Gemüse – und teils durch die Lebensweise bedingt. Die meisten Zutaten werden täglich frisch gekauft, und nur gelegentlich hebt man Reste für den nächsten Tag auf.

Dennoch gibt es einige Grundzutaten, die auch in der sengenden Hitze des Sommers relativ problemlos zu Hause vorrätig gehalten werden können. Im Winter bewahrt man manche Dinge auf dem Balkon auf – dem idealen Kühlschrank der Natur. Die Süditaliener lieben ihren Balkon, auf dem sie in einer Drahtbox von Käse und konserviertem Fleisch über *pomodorini* bis zu eingesalzenen Anchovis alles lagern – und darüber hinaus Dinge wie *soffritto alla napoletana* (siehe Seite 113), eine Grundlage für Saucen und Eintöpfe, die in großen Mengen zubereitet und dann als Block (durch die Kälte verfestigt) aufbewahrt und in kleinen Portionen verwendet wird. Die *dispensa*, die Speisekammer, neben der Küche ist meist eine Mischung aus Besenschrank und Lagerregal für Lebensmittel. Einige Dinge, vor allem Konserviertes und Wein für besondere Gelegenheiten, werden, sofern vorhanden, im Keller gelagert.

Ich habe eine Anekdote von einem Bauern gehört, dem vor vielen Jahren im Rahmen eines Programms zur Unterbringung Armer eine kleine Sozialwohnung am Rande Neapels zugewiesen wurde. Er füllte die Badewanne mit Erde, um frisches Basilikum und Petersilie ziehen zu können. Als das Sozialamt nachfragte, wie er es mit der Körperhygiene halte, erwiderte er, frische Kräuter seien weitaus nützlicher! Ich hoffe, dies ist nur eine Geschichte, doch vom Standpunkt eines Menschen, der ohne solche sanitären Einrichtungen auf dem Land zu leben pflegte, ergibt sie Sinn.

Auf traditionelle Weise getrocknete Spaghetti

Gemeinsames Mahl mit einem sizilianischen Schäfer

Mit den nachfolgend beschriebenen Zutaten des Südens und der Speisekammer des Nordens, die ich in meinem Buch *Viva Italia* beschrieben habe, liegt nun eine vollständige Übersicht über die Grundzutaten der guten regionalen Küche Italiens vor. Ich hoffe, Sie haben Spaß damit, einen eigenen italienischen Vorratsschrank zu füllen, und wenn Sie irgendwo ein unwiderstehliches Produkt sehen, sollten Sie es unbedingt kaufen. Es wird irgendwann einmal nützlich sein.

PASTA

Eine Speisekammer ohne Pasta wäre keine Speisekammer. In Süditalien hat man für den täglichen Gebrauch stets einige Sorten industriell hergestellter Nudeln vorrätig, während man zu besonderen Anlässen frische Pasta mit Eiern zubereitet. Von den etwa 600 im Angebot befindlichen Nudeltypen sind nachfolgend einige der wichtigsten aufgeführt.

Spaghetti sind vermutlich am vielseitigsten verwendbar. Jede Region hat eigene Varianten und Herstellungsverfahren, wodurch neapolitanische und sizilianische Spaghetti sehr glatt sind, während Spaghetti aus Apulien eine leicht rauhe Oberfläche haben. Spaghetti können mit jeder Sauce serviert werden.

Lasagnoni, besonders große Teigplatten, und *Brettelle* (was Hosenträger bedeutet), Platten von etwa 5 cm Breite, werden zur Zubereitung von Aufläufen und anderen im Ofen gegarten Pasta-Gerichten verwendet.

Makkaroni sind allerorts von Latium bis Sizilien beliebt und werden meist mit langsam gegarten

Fleischsaucen serviert, die man mit Tomaten und Rind-, Lamm- und/oder Schweinefleisch zubereitet.

Linguine sind eine Art flache Spaghetti und ideal für Saucen mit Meeresfrüchten geeignet.

Pasta corta ist der Sammelbegriff für verschiedene kurze Nudeltypen wie *Tubetti* und *Ditali*, die sich besonders für Suppen, vor allem *pasta e fagioli* (Pasta-Bohnen-Suppe) und Minestrone eignen. Die Neapolitaner haben die sinnvolle Angewohnheit, diverseste übriggebliebene Pasta-Sorten darin zusammen zu verwenden. Lange Nudeln werden dabei in Stücke gebrochen.

Orecchiette, Öhrchen, sind typisch für Apulien und wie kleine Ohren geformt, was den Namen erklärt. Früher wurden sie stets von Hand geformt, heute verwendet man aber häufiger industriell hergestellte Orecchiette. Da sie aus Hartweizenmehl sind, haben sie eine doppelt so lange Garzeit wie normale Pasta und bewahren dennoch Biß. Man serviert sie mit Gemüsesaucen und vor allem zu Brokkoli.

Rigatoni, kurze geriffelte Röhren, und *Zite* (auch Ziti), lange schmale Röhren, werden gewöhnlich mit vielen anderen Zutaten im Backofen als Aufläufe für besondere Gelegenheiten gegart.

Gnocchetti sardi, auch *Malloreddus*, sind kleine, mit Safran gewürzte *gnocchi*, die es nur in Sardinien gibt. Sie werden meist mit Fleischragù oder Gemüsesaucen serviert.

MEHL

Das italienische Doppio zero (00) ist ein besonders feines Mehl aus Weichweizen, das sich ideal für Pasta eignet. Sie können es durch Type 405 ersetzen. Das unserer Type 1050 entsprechende Mehl wird oft für Pizza und Brot genommen. Der berühmte Hartweizengrieß *semolina* wird als sehr grobes cremig-gelbes Mehl für Brot und industriell hergestellte Pasta verwendet. Mitunter findet sich in der Speisekammer des Südens auch Polenta-, also Maismehl, wobei es hier aber eine fast weiße Farbe und längst nicht dieselbe Bedeutung als Grundnahrungsmittel wie im Norden des Landes hat.

BROT

Im Süden ißt man festeres, schwereres Brot als anderswo in Italien.

Pane pugliese, ein riesiger runder Laib aus Hartweizenmehl, hält sich so gut, daß es nur einmal in der Woche gekauft werden muß, wenngleich man andere Brotsorten ausnahmslos jeden Tag frisch einkauft. Dieses ungemein schmackhafte Brot wird häufig zur Zubereitung von *bruschetta* verwendet.

Frisella liegt stets in der Speisekammer bereit. Es ist ein rundes oder längliches flaches Brot, das zunächst wie normales Brot gebacken, dann aber in dicke Scheiben geschnitten und noch einmal gebacken wird, um es zu trocknen, so daß es beinahe unbegrenzt hält. Vor Verwendung befeuchtet man dieses Brot mit Wasser, um *panzanella*, den wunderbaren Brotsalat, herzustellen (siehe Seite 69). Oft wird Frisella auch in verschiedene Suppen oder Füllungen für im Ofen gegarte Gemüse gegeben.

Taralli sind ein weiteres Muß. Es handelt sich hier um kleine ringförmige Kekse aus Hartweizenmehl, Olivenöl und oft auch Fenchelsamen, die sehr knusprig sind. Wie die Grissini des Nordens werden sie zu *antipasti* gegessen.

Pane grattugiato, Semmelbrösel, sind in der Küche unverzichtbar, um Fleisch oder Gemüse vor dem Braten zu panieren, Füllungen zuzubereiten oder Saucen anzudicken.

TOMATEN

Tomaten sind aus der Küche des Südens nicht wegzudenken. Sie werden täglich auf die eine oder andere Weise verwendet und nach unterschiedlichen Methoden konserviert, so daß sie das ganze Jahr über zur Verfügung stehen.

Pomodori pelati sind in Dosen oder Gläsern eingemachte geschälte Tomaten, die meist im Winter benutzt werden, wenn es keine frischen Tomaten gibt. Die besten kommen aus der Provinz Salerno, wo man Eiertomaten der Sorte San Marzano verwendet, die sich ausgezeichnet für Saucen eignen.

Polpa di pomodoro (Tomatenfruchtfleisch bzw. -stückchen) besteht aus zerkleinerten geschälten, entkernten Tomaten im eigenen Saft und eignet sich für jede Sauce.

Passata (pürierte Tomaten) ist glatter als *polpa*. *Polpa* und *passata* beginnen, den herkömmlichen geschälten Tomaten den Rang abzulaufen.

Concentrato di pomodoro, Tomatenmark, ist in jeder Speisekammer zu finden. Es ist zweifach oder sechsfach konzentriert erhältlich. Letzteres ist eine sehr dunkle, dicke Paste, die *estratto* genannt wird. Beide Typen werden benutzt, um Saucen anzudicken und ihnen Aroma zu geben. *Estratto* findet man heute vornehmlich in Sizilien. Er wurde erstmals im 19. Jahrhundert industriell hergestellt und war der erste Versuch, Tomaten haltbar zu machen. Man läßt dazu Tomatenfruchtfleisch zwei Wochen in der Sonne stehen, wobei man es einige Male am Tag umrührt, bis das gesamte Wasser verdunstet ist. Dann mischt man die Masse mit Salz und formt sie zu Blöcken. Diese werden in Basilikumblätter eingewickelt, um ihnen zusätzliches Aroma zu verleihen. Ich streiche *estratto* gern auf getoastes Brot, das mit Knoblauch eingerieben und mit gutem Olivenöl beträufelt wurde. Köstlich!

Pomodori in bottiglia werden daheim hergestellt, indem man reife San-Marzano-Tomaten viertelt und in Gläser geschichtet einweckt. Eine mit diesen Tomaten bereitete Pasta-Sauce bringt selbst im tiefsten Winter das ganze Aroma des Sommers zurück.

Pomodori secchi, sonnengetrocknete Tomaten, werden im August und September hergestellt. Man bestreut halbierte Tomaten mit grobem Salz und legt sie auf Tischen zum Trocknen in die heiße Sonne. Später läßt man sie in Wasser und Essig quellen und serviert sie als *antipasto* oder verwendet sie zum Aromatisieren von Suppen und Saucen.

Familien, die sich das leisten können – und nach der Zahl roter Bündel zu urteilen, die auf Balkonen hängen, scheinen es viele zu sein –, kaufen *pomodorini,* süße, aromatische Cocktailtomaten, die die Größe und Form von Kirschen haben und sich dank ihrer festen Schale die Wintermonate hindurch halten.

In manchen Haushalten finden sich all diese Tomatensorten in der Speisekammer, woraus man die Bedeutung ermessen kann, die der Tomate in der Küche des Südens zukommt.

FLEISCHPRODUKTE

Fleisch wird im italienischen Süden in gewissem Maß aus Notwendigkeit konserviert. Meist handelt es sich dabei um Schweinefleisch, doch obwohl die Süditaliener es ungemein schätzen, gibt es dort nicht die riesigen Industrien, die man im Norden findet – etwa in der Emilia Romagna, wo Parmaschinken und Salami hergestellt werden. Im Süden werden Schweinefleischprodukte entweder daheim von den vielen Bewohnern ländlicher Gegenden, die eigene Schweine halten, zubereitet, oder von Kleinerzeugern, was bedeutet, daß sie meist von hoher Qualität sind. Die Schweine werden gewöhnlich im Winter geschlachtet, und in Privathäusern ist dies ein Anlaß, Freunde einzuladen und aus allen Teilen des Tieres, die sich nicht zum Konservieren eignen, ein Festmahl zuzubereiten. Oft nimmt das ganze Dorf an solchen Feiern teil, wie es schon seit Jahrhunderten Brauch ist. Manchmal finden Feste für größere Gebiete statt, die *sagre* genannt werden. Dort gibt es jedoch wenig umsonst, und der Erlös dient dazu, die Kassen der Gemeinde zu füllen. Hauptsache aber ist, daß es sich um sehr vergnügliche Ereignisse handelt, bei denen reichlich gegessen und getrunken wird.

Es folgen nun die wichtigsten gesalzenen und luftgetrockneten Schweinefleischprodukte, die in der Küche verwendet werden.

Guanciale wird aus Schweinebacke hergestellt, einem fetten Stück, das gesalzen und getrocknet wird. Man verwendet es für Saucen, Suppen und Ragù. Besonders beliebt ist es in Latium und in den Abruzzen.

Pancetta ist die italienische Version des durchwachsenen Bauchspecks und wird viel verwendet.

Lardo ist ein bis zu 5 cm dicker fetter Speck. Er wird in kleine Würfel geschnitten und mit Zwiebeln und Kräutern gebraten, um eine aromareiche Grundlage für alle Arten von Suppen, Saucen und Fleischragouts herzustellen.

Alle folgenden Schweinefleischprodukte werden als *antipasti* oder Snacks gegessen. Sie sind ungemein schmackhaft und haben mit süditalienischen Zuwanderern auch ihren Weg in den Norden gefunden. Ihr würziger Geschmack und ihre hohe Qualität haben sie sehr beliebt gemacht.

Prosciutto crudo ist ein geräucherter Hinterschinken aus der Keule des Schweins. Er wird gesalzen und dann mindestens ein Jahr an der Luft getrocknet. Die Version des Südens unterscheidet sich stark von den bekannten Parma- und San-Daniele-Schinken. Sie ist gewöhnlich salziger und manchmal mit *peperoncini* – höllisch scharfen kleinen Chilischoten – aromatisiert. Diese sind neben Pfefferschoten (*peperoni*) ein beliebtes Gewürz.

Capocollo wird aus Schweinenacken und -schulter hergestellt, die man in große Stücke schneidet, salzt, würzt und dann zwischen vier Monaten und einem Jahr in einer Hülle trocknen läßt. Capocollo wird dünn aufgeschnitten roh gegessen. Besonders feine Varianten kommen aus Kampanien und Apulien, wo man ihn mitunter räuchert.

Soppressata ist eine Wurst, für die man mageres Schweinefleisch und Fett von Hand würfelt. Diese Stücke würzt man mit Wein, Knoblauch und Aromazutaten, drückt sie in eine Hülle und preßt sie (daher der Name *soppressata*), um sie dann zwischen drei Monaten und einem Jahr an der Luft trocknen zu lassen. Die Soppressata wird roh gegessen, und Fenchel, Chillies und andere Gewürze verleihen dieser Wurst einen ganz anderen Charakter, als man es von ihrem Gegenstück im Norden gewöhnt ist. Besonders wohlschmeckend sind die Soppressata-Sorten aus Apulien und Kalabrien.

Salsiccia wird aus 5 cm dickem Darm hergestellt, den man mit Schweinehack füllt, das mit Salz, Pfeffer, Wein, Chilischote und manchmal Fenchelsamen gewürzt ist. Man kann sie frisch essen, gewöhnlich wird sie aber einige Monate luftgetrocknet und dann in dicke Scheiben geschnitten mit Brot serviert. Eine berühmte Variante ist die runde *salsiccia piccante napoletana*. Die Version Kalabriens ist mit reichlich Chillies gewürzt.

Ciccioli, in Neapel auch *cicoli* und in Rom *sfrizzoli* genannt, sind Speckgrieben, die bei der Zubereitung von *strutto* (siehe Seite 18) übrig bleiben. Sie werden gepreßt und dann mit Salz, Pfeffer und Lorbeerblättern gewürzt. *Ciccioli* können mit Brot gegessen oder in der Küche verwendet werden und vor allem, um *pane con i ciccioli* herzustellen, ein kräftig schmeckendes

Brot. Überflüssig zu sagen, daß diese Grieben immer noch viel Fett enthalten. Sie sind eine Sünde, aber köstlich!

KÄSE

Während sich die Käsefabrikation im Norden erst vor relativ kurzer Zeit etabliert hat, kann sie im Süden auf eine lange Tradition zurückblicken. Doch die herrlichen grünen Wiesen des Nordens und der Überfluß an Kuhmilch haben sie dort zu einer großen Industrie werden lassen, während man im Süden und auf den Inseln, wo es viel Sonne und wenig Regen gibt, Käse immer noch von Hand in kleinen Betrieben herstellt. Hier werden Schafe, Ziegen und Büffel gezogen, aber nur wenige Kühe, was ein völlig anderes Spektrum an Käsesorten mit sich bringt. Meist haben sie einen recht kräftigen Geschmack und werden zum Kochen benutzt oder mit Brot gegessen.

Mozzarella ist, dank der Popularität der Pizza, der vielleicht bekannteste Käse des Südens. Die Nachfrage ist international so gewaltig, daß man Mozzarella aus Kuhmilch heute in ganz Italien herstellt. Die beste Mozzarella wird aus der Milch von Büffeln gemacht. Diese erstaunlichen Tiere werden fast ausschließlich ihrer Milch wegen gehalten und wurden von den Römern (von wem sonst?) in Italien eingeführt, wo sie in Kampanien, Latium und Apulien ideale Lebensbedingungen fanden. Frische Büffelmilch-Mozzarella schmeckt wunderbar und sollte am Tage ihrer Herstellung gegessen werden. Der Bruch wird in der eigenen Molke erhitzt und dann von Hand bearbeitet, bis ein elastischer Teig mit fasriger Struktur entstanden ist. Diesen formt man zu Kugeln, aus denen beim Aufschneiden immer noch etwas Milch austreten sollte. Es ist relativ schwierig, diesen Käse außerhalb Italiens zu bekommen, da der Transport problematisch ist. Der beste Ersatz ist die *mozzarella di bufala*, die in Folie eingeschweißt ist und in Molke liegt, damit sie frisch und feucht bleibt.

Mozzarella findet in der Küche vielfältige Verwendung, etwa auf Pizza und in Calzone oder man fügt sie in Scheiben geschnitten Gemüse- und Nudelaufläufen zu. Ich esse sie am liebsten ganz einfach, entweder mit Tomaten und Basilikum oder mit gutem Olivenöl, Salz und Pfeffer als *antipasto*.

Scamorza oder **Provola** wird ähnlich wie Mozzarella hergestellt, ist aber fester. Scamorza wird manchmal in Scheiben geschnitten und gegrillt, während man Provola als Tafelkäse ißt oder zum Kochen verwendet.

Provolone, in Neapel und Kampanien hergestellt, ist ein riesiger Schafsmilchkäse mit einer geschichteten Struktur wie Mozzarella. Man unterscheidet Provolone dolce (mild) und Provolone piccante (herzhaft). Beide Versionen werden als Tafelkäse und zum Kochen verwendet.

Caciocavallo ähnelt dem Provolone, hat aber einen kräftigeren Geschmack und eine festere Struktur. Er wird aus Schafsmilch hergestellt und ist typisch für Sizilien. Man kann ihn würfeln und grillen, Gemüsefüllungen zufügen oder reiben und anstelle von Parmesan verwenden.

Pecorino, der klassische Schafskäse, wird in der ganzen Region erzeugt, von Latium – wo er *Pecorino romano* heißt – bis nach Sardinien, wo man ihn *Pecorino sardo* nennt. (Bei den Sarden gibt es einen Brauch, Pecorino erst zu essen, wenn er bereits von Maden befallen ist, eine Sitte, die ich aber nicht empfehlen möchte.) Pecorino ist sowohl frisch als auch gereift erhältlich. Junger Pecorino, *caciotta* genannt, wird als Tafelkäse gegessen, während *stagionato*, die festere, gereifte Variante, auch zum Reiben geeignet ist. Der kräftige, süßliche Geschmack der Schafsmilch macht Pecorino für viele Gerichte des Südens unersetzlich. Seltsamerweise wird Pecorino zwar im Süden erzeugt, erfreut sich heute aber vermutlich im Norden größerer Beliebtheit, was umgekehrt für den Parmesan gilt. Tatsächlich gilt es im Süden als schick, geriebenen Parmesan über Pasta und Gemüse zu streuen. Vielleicht ist die Einigung Italiens, die erst vor 130 Jahren stattfand, doch noch nicht abgeschlossen ...

Ricotta ist ein weicher, fettarmer Frischkäse und war ursprünglich ein Nebenprodukt der Käseherstellung, da er aus der Molke gemacht wird, die sich vom Bruch getrennt hat. Heute wird fast jede Ricotta-Sorte aus Vollmilch oder entrahmter Kuhmilch hergestellt, wobei im Süden jedoch meist

Casumarzu ist uralter Käse, in dem bereits Maden sitzen – eine sardische Spezialität!

Schafs- oder Ziegenmilch verwendet wird. Ricotta sollte sehr frisch gegessen werden und eignet sich für Hunderte sowohl pikanter als auch süßer Gerichte hervorragend. Besonders gern wird Ricotta als Füllung für Calzoni und Torten benutzt. In Sizilien nimmt man ihn zur Zubereitung von Cassata oder zum Füllen von *cannoli alla siciliana* (siehe Seite 174) oder ißt ihn einfach mit Zucker.

Ricotta salata, ein gereifter, gesalzener Käse, wird am häufigsten in Apulien verwendet, wo man ihn gerieben über pikante Gerichte streut. Er ist ziemlich hart, hat eine graue Farbe und verleiht Speisen einen typischen, würzigen Geschmack.

ÖLE UND FETTE

Natives Olivenöl extra, das in Apulien, Kampanien, Kalabrien und Sizilien hergestellt wird, gewinnt man aus der ersten, kalten Pressung frisch geernteter Oliven. Es ist das beste Olivenöl, und man gibt es meist in Salate und Suppen, um ihnen Geschmack zu verleihen, verwendet es aber nicht zum Kochen. Es gehört in jedem Haushalt zur Grundausstattung der Speisekammer. Zudem steht dort ein einfaches Olivenöl zum Braten und sonstigen Garen bereit.

Sonnenblumen-, Mais- und **Erdnußöl** werden ebenfalls zum Braten benutzt. Sie sind preiswerter als Olivenöl und können besser auf hohe Temperaturen erhitzt werden.

Strutto, oder *sugna*, entsteht durch Auslassen von Schweinefett, das beim Abkühlen wieder erstarrt. In der Vergangenheit war dieses Schmalz ein preiswertes Fett zum Braten und Backen. In unserer gesundheitsbewußten Zeit verwendet man es nur noch für wenige Speisen, für die es wegen seines Geschmack als unverzichtbar gilt.

Butter wird vornehmlich als Aromazutat verwendet und ist bestimmten Backwaren, einigen Pasta-Saucen und dem Braten von Fisch vorbehalten. Im Süden benutzt man sie erst, seitdem dort auch Gerichte des Nordens zubereitet werden.

HÜLSENFRÜCHTE UND GETREIDE

Im gesamten Süden erfreuen sich sowohl frische als auch getrocknete Hülsenfrüchte großer Beliebtheit.

Cannellino-Bohnen stehen in jeder ordentlichen Speisekammer, gewöhnlich getrocknet, so daß sie vor dem Garen eingeweicht werden müssen, manchmal aber auch in Dosen zum sofortigen

Gebrauch. Man verwendet sie für *pasta e fagioli* oder gesunde Gemüsegerichte, Salate, Eintöpfe und natürlich Minestrone.

Borlotto-Bohnen werden auf die gleiche Weise verwendet wie Cannellini.

Dicke Bohnen werden vornehmlich frisch sehr geschätzt, doch in der Speisekammer finden sich auch *fave secche* für den Winter – getrocknete dicke Bohnen, aus denen man entweder Suppe bereitet oder sie püriert mit Olivenöl und wilder Zichorie als *'ncapriata*, ein Gericht aus Apulien (siehe Seite 150), serviert.

Kichererbsen sind im Süden ebenfalls beliebt. Man verwendet sie vor allem für Suppen und *pasta e ceci*, aber auch für Eintöpfe und Salate oder als Beilage zu Schweinefleisch. Kichererbsenmehl dient in Sizilien weithin zur Herstellung von *panelle*, einer Art Pfannküchlein, die man mit Brot serviert.

Linsen erfreuen sich außerordentlicher Beliebtheit. In Rom ißt man sie traditionell an Neujahr mit *zampone* (Schweinsfüßen). Jede Region des Südens hat ihre eigenen Linsenrezepte, meist aber werden sie für Eintöpfe und Suppen verwendet. Besonders gut schmecken sie nach kampanischer Art mit Borretsch gegart (siehe Seite 68).

Reis ist eigentlich keine Spezialität des Südens, auch wenn es dort einige Reisgerichte gibt, unter ihnen einen Risotto mit Meeresfrüchten, der aber mehr einem warmen Salat ähnelt. In Latium und insbesondere Rom werden Reisaufläufe zubereitet. Daneben verwendet man Reis in Suppen und zum Füllen von Tomaten und Paprikaschoten oder für die berühmten sizilianischen *arancini* (siehe Seite 91). Manchmal ißt man ihn auch einfach mit etwas Butter oder Olivenöl. Am häufigsten verwendet man Arborio-Reis, in Sardinien gibt es aber auch eine langkörnige Sorte, die Patna-Reis ähnelt.

Durumweizen (Hartweizen) oder *grano*, wird vornehmlich in Neapel verwendet, wo man ihn einweicht und in Milch gart, um *pastiera di grano* herzustellen, eine berühmte süße Ostertorte. Ferner nimmt man ihn zusammen mit Bohnen für Suppe oder serviert ihn als Beilage zu Gemüse.

WEINESSIG

In Süditalien ist Rotweinessig, den viele Familien selbst herstellen, am üblichsten. Er wird vor allem zum Einlegen von Gemüse verwendet, das dann als *antipasto* serviert wird, aber auch für Salat-Dressings und Marinaden. In Latium tut man etwas Seltsames – hier sprenkelt man Essig mit Zucker über frische Erdbeeren.

ANCHOVIS, THUNFISCH UND BOTTARGA

Sie alle spielen in der Küche des Südens eine wichtige Rolle. Anchovis fehlen in keiner Speisekammer. Sie können entweder in Salz konserviert sein (so sind sie am schmackhaftesten) oder aber in Öl und werden in Kalabrien, auf Sizilien und auf Sardinien hergestellt. Thunfisch ist meist in Öl konserviert und eine weitere Grundzutat für Salate, Gemüsefüllungen und Saucen. Eine Delikatesse, die sich nicht jeder leisten kann, ist *mosciame di tonno*, luftgetrocknetes und gesalzenes Thunfischfilet, das in dünne Scheiben geschnitten mit Öl und Zitrone als *antipasto* oder Imbiß gegessen wird. Ebenso teuer ist *Bottarga*, der gesalzene, luftgetrocknete Rogen von Thunfisch oder Meeräsche, den man in Sizilien, Kalabrien und vor allem Sardinien sehr schätzt. Auch diese Delikatesse wird in Scheiben geschnitten mit Olivenöl und Zitronensaft gegessen oder aber über Pasta gerieben, der er einen kräftigen, herrlich fischigen Geschmack verleiht.

GEWÜRZE UND AROMAZUTATEN

Gewürze und Aromazutaten werden mitunter in Ländern mit eher fader Küche reichlich verwendet, um den Geschmack der Gerichte zu verbessern. Dies ist im Süden Italiens zweifellos nicht der Fall. Hier verleihen sie Speisen, die an sich schon ausgezeichnet schmecken, eine zusätzliche Dimension und lassen eine große Vielfalt an Gerichten entstehen.

Knoblauch und Zwiebeln werden für Saucen, Braten, Salate, Marinaden und Füllungen verwendet. Sie sind in der Küche einfach unverzichtbar und finden sich in der Speisekammer jedes Haushaltes.

Salz und Pfeffer gehören ebenfalls zur Grundausstattung. Salz hebt nicht nur den Geschmack von Speisen, sondern wird auch zum Konservieren und, als dicke Kruste, zum Garen von Fisch benutzt. Man unterscheidet *sale fine* und *sale grosso*, grobes Meersalz, das in der Stadt Trapani auf Sizilien gewonnen wird. Pfeffer ist meist schwarz und wird entweder frisch gemahlen verwendet oder ganz in Brühen und Fonds gegeben. Außer zum Würzen diverser Gerichte verwendet man ihn zur Herstellung von Salami.

Peperoncino, getrocknete Chilischote, wird wegen seiner enormen Schärfe vielerorts *diavulillo* (kleiner Teufel) genannt. Er wird im gesamten Süden angebaut und meist getrocknet verwendet. In jedem Haushalt hängen kunstvoll geflochtete Zöpfe oder Bündel in der Küche oder auf dem Balkon.

Fenchelsamen werden verschiedenen Gerichten, Broten und selbst Würsten zugefügt, denen sie ihren typischen Geschmack verleihen. Die Menschen des Südens lieben auch frischen Knollenfenchel, den sie sogar wie Obst roh essen, und *finocchio selvatico*, wilden Fenchel, der vor allem in der sizilianischen Küche Verwendung findet.

Kapern sind im Süden auch schon seit langem beliebt. Es handelt sich dabei um die Knospen eines Strauches, die geerntet werden, bevor sie sich zu prächtigen Blüten öffnen. Sie sind in Salz, Lake oder Essig konserviert erhältlich, und Gourmets bevorzugen eingesalzene Kapern, die vor Gebrauch gewässert werden müssen. Da Kapern einen sehr intensiven Geschmack haben, sind gewöhnlich nur wenige notwendig, um Saucen und Salate zu aromatisieren. Die besten Kapern kommen von den kleinen sizilianischen Inseln Pantelleria und Lipari. Falls Sie in Ihrem Urlaub auf einem italienischen Markt in Salz konservierte Kapern finden, greifen Sie kräftig zu, denn sie halten sich ein paar Jahre.

Oliven sind herrliche Früchte und für alle möglichen Gerichte unverzichtbar. Im Land der Oliven werden sie dem Kunden in einer endlosen Formenvielfalt angeboten. Süditaliener essen gern kleine Snacks oder *antipasti*, die schwarze oder grüne Oliven enthalten, welche mit Fenchelsamen, Knoblauch und Chillies aromatisiert oder sogar im Ofen gedörrt wurden, wodurch ihr Aroma sich noch stärker konzentriert. Salate, Pasta-Saucen, Eintöpfe und Braten enthalten häufig Oliven.

Als ich in Sizilien das Mittagessen eines Hirten teilte, stellte ich fest, daß Oliven oft Bestandteil einer kargen Mahlzeit sind. Es hatte mich schon immer interessiert, was Hirten fernab von Zuhause essen, und es überraschte mich nicht sehr, daß Gaspare Campo selbstgebackenes sizilianisches Brot aus Hartweizen, das mehrere Tage frisch bleibt, ein Stück selbstgemachten Pecorino und etwas am Morgen bereiteten Ricotta herausholte. Verblüfft war ich jedoch über relativ aufwendig zubereitete Tomaten, einige frische dicke Bohnen, die zum Käse gegessen wurden, eine Zwiebel und Oliven, die alle zusammen eine nahrhafte Mahlzeit ergaben.

Mein Beitrag, eine sizilianische Salami und eine Flasche Wein, war willkommen, obwohl Wein nicht üblich ist. Wegen der Hitze löscht man seinen Durst gewöhnlich lieber mit Wasser.

KRÄUTER

Frische Kräuter sind die Seele der italienischen Küche. Wohlüberlegt angewandt heben sie den Geschmack der allereinfachsten Zutaten.

Die im Süden am häufigsten benutzten Kräuter sind Petersilie, Basilikum, Salbei, Lorbeer und Rosmarin, wobei die zwei letzteren auch getrocknet verwendet werden.

Minze ist ebenfalls beliebt, vornehmlich in Latium und Kampanien, wo man sie Fleisch, Fisch und Gemüse zufügt. Die Römer mögen *nepitella*, eine kleinblättrige Sorte, die auch in der Toskana, Umbrien und den Abruzzen verwendet wird, nicht aber im tiefen Süden.

Oregano ist das einzige Kraut, das häufiger getrocknet als frisch benutzt wird. Er fehlt in keiner Speisekammer. Im Süden Italiens verwendet man ihn ebenso wie anderswo im Mittelmeerraum, um Pizza, Tomatensauce – insbesondere *pizzaiola* – und vor allem Salate und *frisella* (siehe Seite 14) zu würzen.

NÜSSE UND GETROCKNETE LEBENSMITTEL

Die Verwendung von Nüssen ist in der Küche des Südens weit verbreitet, wo man sie Saucen, Eintöpfen und Fleischgerichten zufügt und natürlich auch Broten, Kuchen und Desserts. Sie ist auf die arabischen Einflüsse in diesem Gebiet, vornehmlich in Sizilien, zurückzuführen.

Pinienkerne sind kleine, längliche weiße Samen aus den Zapfen der Pinie, die an allen Küsten des Südens wächst. Sie werden häufig für Salate, Fleisch- und Gemüsefüllungen, Kekse und Kuchen verwendet.

Haselnüsse werden fast ausschließlich für Kekse und Kuchen genommen oder wie Obst gegessen. Die besten Haselnüsse kommen aus Kampanien und vor allem aus Avellino, einer Stadt, deren Name sich von dem lateinischen Wort für Haselnuß, *avellana,* ableitet.

Mandeln verwendet man im Süden öfter als alle anderen Nüsse. Mandelbäume wachsen in Apulien, Kalabrien, Kampanien, Sardinien und vor allem Sizilien, wo man aus Mandeln vornehmlich Marzipan für nahrhafte Süßigkeiten wie Cassata und verschiedene Kekse, die Amaretti ähneln, herstellt.

Walnüsse werden vor allem im Süden gezogen, und die besten kommen aus der Gegend um Sorrent. Grüne Walnüsse, die innen noch weich sind, mazeriert man 40 Tage in Alkohol, Zucker und Gewürzen, um einen hochprozentigen Likör herzustellen, der *nocino* genannt wird. Im Winter und insbesondere in der Weihnachtszeit ißt man Walnußkerne, die manchmal mit Bitterschokolade überzogen sind, was sie unwiderstehlich macht.

Rosinen sind ein weiteres Beispiel für den arabischen Einfluß auf die Küche des Südens, vornehmlich Siziliens, wo man sie aus Zibibbo-Trauben gewinnt. Sie werden Gemüsetöpfen wie *caponata*, Fleischsaucen und Füllungen und natürlich Keksen und Kuchen zugefügt.

Cedro ist die kandierte Schale der riesigen Zedrat-Zitronen, die in Kalabrien und Sizilien wachsen. Sie wird mit Zucker und grüner Lebensmittelfarbe kandiert, was ihr ein ungewöhnliches Aroma und Aussehen verleiht (Zitronat). Fein gewürfelt fügt man sie mit Ricotta bereiteten Desserts, *cannoli* und vielen anderen Süßigkeiten zu. Normale Zitronen- und Orangenschale wird ebenfalls kandiert und auf die gleiche Weise verwendet.

ANTIPAS
Vorspeisen

TI

Das *antipasto* – abgeleitet vom lateinischen *ante pastum*, was »vor der Mahlzeit« bedeutet – hat die Aufgabe, den Gaumen zu kitzeln und den Magen auf die folgenden Speisen vorzubereiten. Bei großen Festen können es ohne weiteres bis zu zwölf Gänge sein. Die Sitte, eine große Auswahl kleiner Speisen als *antipasto* zu servieren, kommt aus dem Norden, doch hat sie mittlerweile den Süden im Sturm erobert. Früher bestand das *antipasto* dort aus einigen Scheiben Salami oder Schinken, *sott'aceti* (Essiggemüse) und Brot, und er diente einfach dazu, die Produktion der Magensäfte anzuregen. Die unwiderstehliche Vielfalt und Qualität der *antipasti* des Nordens stellt einen leicht vor die Frage, ob man nur *antipasti* oder noch weitere Gänge essen soll. Nachdem der Süden die *antipasti* mit solch einer Begeisterung aufgenommen hat, steht man dort nun vor dem gleichen Dilemma. Angesichts des unvergleichlichen Angebotes an frischen Zutaten kann es die Liste der *antipasti* des Südens nun ohne weiteres mit der des Nordens aufnehmen.

Das *antipasto* bietet Gesundheitsbewußten die Möglichkeit, leichter zu essen, womit er in Einklang mit einer modernen Ernährungsweise steht. Meist handelt es sich um phantasievoll zubereitete Gemüse, die Körper und Seele zufriedenstellen, ohne der Figur zu schaden. Im Restaurant werden eine Auswahl gerösteter oder gegrillter Gemüse in Öl, in Scheiben geschnittener *Ricotta salata,* Mozzarella, Oliven, Artischocken, Paprikaschoten, *soppressata,* Meeresfrüchte-Salat, im Ofen gegarte Miesmuscheln, Anchovis in Öl und Kräutern, marinierte Sardinen und mehr zusammen mit knusprigen *taralli* und einer Flasche regionalen Weins an Ihren Tisch gebracht. Übrigens ißt man Gerichte wie diese oft auch als Imbiß zwischen den Mahlzeiten. Ein schöner Brauch!

Vorherige Doppelseite (im Uhrzeigersinn): *rotoli di pomodori secchi* (Seite 25); grüne Oliven; *frisella* mit Tomaten und Basilikum; *mozzarella con olio d'oliva* (Seite 33); *taralli; buttarica al limone* (Seite 34); Salami; schwarze Oliven

ROTOLI DI POMODORI SECCHI

Röllchen von sonnengetrockneten Tomaten

ERGIBT 20 STÜCK:

20 große sonnengetrocknete Tomaten (die Tomatenhälften nicht trennen)
1 TL getrockneter Oregano
4 EL natives Olivenöl extra
1 EL in Salz konservierte Kapern, 10 Minuten in Wasser eingeweicht, dann abgetropft
1 EL Minzblätter
20 Anchovisfilets in Öl

Für dieses Rezept müssen die sonnengetrockneten Tomaten sehr groß sein, um sie mit der Füllung aufrollen zu können. Sonnengetrocknete Tomaten können auf unterschiedliche Weise verwendet oder einfach so gegessen werden. Da sie manchmal aber recht salzig sind, legt man sie am besten vor Verwendung für etwa eine Stunde in eine Mischung aus zwei Teilen Essig und einem Teil Wasser. Danach läßt man sie abtropfen und tupft sie trocken. Anschließend können sie mit Basilikum, Oregano, Knoblauch oder Chillies gewürzt, mit Olivenöl bedeckt und später gegessen werden. Eine weitere Alternative ist dieses Rezept.

Die sonnengetrockneten Tomaten wie oben beschrieben einweichen. Mit Oregano bestreuen und mit Olivenöl beträufeln. Die Tomaten aufklappen und einige Kapern, etwas Minze und ein Anchovisfilet auf jede Tomate geben. Die Tomaten um die Füllung aufrollen. Falls gewünscht, mit einem Zahnstocher zusammenstecken.

INVOLTINI DI MELANZANE
Auberginenrouladen

FÜR 4 PERSONEN:
12 lange Scheiben Aubergine, jeweils ca. 5 mm dick
Olivenöl zum Braten
10 EL frische Brotkrumen, leicht geröstet
12 Oliven, entsteint und grob gehackt
6 EL grob geriebener Pecorino
1 Tomate, in sehr kleine Stücke geschnitten
12 Basilikumblätter
Salz und frisch gemahlener schwarzer Pfeffer

Auberginen sind in Apulien, Kalabrien, Sizilien und der Basilicata sehr beliebt, und daher ist es nur natürlich, daß zahlreiche Rezepte für sie erfunden wurden. Dies ist eines der einfachsten.

Den Backofen auf 200 °C (Gasherd Stufe 3–4) vorheizen.

Die Auberginenscheiben 2 Minuten in kochendem Salzwasser vorgaren, dann abtropfen lassen und trockentupfen. In einer großen Pfanne etwas Öl erhitzen und die Auberginenscheiben auf beiden Seiten bräunen. Nebeneinander auf die Arbeitsfläche legen.

Geröstete Brotkrumen, Oliven, die Hälfte des Pecorino, Tomate sowie Salz und Pfeffer nach Geschmack vermischen und auf die Auberginenscheiben streichen. Auf jede ein Blatt Basilikum legen. Aufrollen und mit einem Zahnstocher zusammenstecken. Die Röllchen auf ein Backblech legen und mit dem restlichen Pecorino bestreut für 10 Minuten in den Ofen schieben. Sie können warm oder kalt gegessen werden.

FUNGHI RIPIENI
Gefüllte Pilze

ERGIBT 12 STÜCK:

12 Champignons mit offenem Hut, Durchmesser etwa 4 cm
5 EL frische Brotkrumen
½ Knoblauchzehe, sehr fein gehackt
4 EL frisch geriebener Parmesan
2 Eier
1 EL gehackter frischer Majoran
2 EL Semmelbrösel
4 EL Olivenöl
Salz und frisch gemahlener schwarzer Pfeffer

Pilze sind in ganz Italien sehr beliebt, und der Süden bildet da keine Ausnahme. Seit einiger Zeit erfreuen sich auch Zuchtpilze wachsender Popularität, vor allem bei der Zusammenstellung von antipasti.

Den Backofen auf 220 °C (Gasherd Stufe 4–5) vorheizen.

Die Stiele der Pilze entfernen und wegwerfen. Brotkrumen, Knoblauch, Käse, Eier, Majoran sowie Salz und Pfeffer vermischen und in die Pilzhüte füllen. Die Champignons mit der Füllung nach oben auf ein geöltes Backblech setzen. Mit den Semmelbröseln bestreuen und mit dem Olivenöl beträufeln. Für 15 Minuten in den Backofen schieben, bis die Pilze heiß sind und die Füllung leicht gebräunt ist.

Ausbeute einer Pilzesuche: Kaiserlinge und Steinpilze

PEPERONI MANDORLATI
Paprikaschoten mit Mandeln

FÜR 4 PERSONEN:
4 EL Olivenöl
2 gelbe Paprikaschoten, in Streifen geschnitten
2 rote Paprikaschoten, in Streifen geschnitten
2 EL Weißweinessig
1 TL Zucker
40 g Rosinen
40 g halbierte Mandelkerne
150 g *polpa di pomodoro* (siehe Seite 15)
Salz und frisch gemahlener schwarzer Pfeffer

Dies ist nur eine der vielen Methoden, wie in Sizilien Paprika zubereitet werden. Man serviert sie dort auch roh, gegrillt, gebraten und sogar luftgetrocknet.

Das Olivenöl in einem großen Topf erhitzen und die Paprikastreifen zufügen. Bei schwacher Hitze etwa 10 Minuten braten, bis sie weich sind, zwischendurch gelegentlich umrühren. Dann die restlichen Zutaten zugeben und alles weitere 10 Minuten garen. Nach Geschmack salzen und pfeffern. Heiß, warm oder kalt servieren.

ZUCCHINI E MELANZANE ALLA SCAPECE

Gebratene und marinierte Zucchini und Auberginen

FÜR 4 PERSONEN:

2 Auberginen, in 5 mm dicke Scheiben geschnitten

Olivenöl zum Braten

4 Zucchini, in 5 mm dicke Scheiben geschnitten

1 Bund Minze, grob gehackt

4 EL Olivenöl

1 EL Weißweinessig

1 Knoblauchzehe, grob gehackt

Salz

Im Süden, und insbesondere in Kampanien und Apulien, gehören zu den antipasti *fast immer eingelegte Gemüse wie* giardiniera *oder gebratene und marinierte Gemüse, etwa Zucchini und Auberginen. Sie sind auch ein köstlicher Imbiß oder eine feine Beilage zu kaltem Braten.*

Die Auberginenscheiben 1 Minute in kochendem Salzwasser blanchieren, dann abtropfen lassen und trockentupfen (dies verhindert, daß sie beim Braten zu viel Öl aufnehmen). Etwas Öl in einer großen Pfanne erhitzen und Auberginen und Zucchini portionsweise auf beiden Seiten bräunen. In eine Schüssel legen, mit Salz bestreuen, dann Minze, Olivenöl, Essig und Knoblauch zufügen. Gut vermischen und mindestens 2 Stunden durchziehen lassen.

Nächste Doppelseite (von links):
peperoni mandorlati (Seite 28);
zucchini e melanzane alla scapece

INVOLTINI DI PEPERONI ARROSTITI
Röllchen von gegrillten Paprikaschoten

ERGIBT 12 STÜCK:

4 sehr große rote oder gelbe Paprikaschoten
5 EL frische Brotkrumen
2 EL fein gehackte grüne Oliven
1 EL in Salz konservierte Kapern, 10 Minuten gewässert, dann abgetropft und fein gehackt
½ Knoblauchzehe, fein gehackt
3 EL natives Olivenöl extra sowie Öl zum Bepinseln
6 Anchovisfilets, fein gehackt
2 EL fein gehackte frische Petersilie
Salz und frisch gemahlener schwarzer Pfeffer

Ich liebe die Überraschung, die in einem involtino *steckt. Man rollt ein Stück Fleisch, Fisch oder Gemüse um eine Füllung und gart es. Diese Paprikaschoten werden sogar zweimal gegart: Zuerst grillt man sie, damit sie weich werden und ein rauchiges Aroma erhalten, dann rollt man sie um eine Füllung und bäckt sie noch einmal im Ofen. Sie schmecken einfach toll.*

Den Backofen auf 200 °C (Gasherd Stufe 3–4) vorheizen.

Die Paprika auf dem Holzkohlengrill (oder unter dem sehr heißen elektrischen Grill) rösten, bis die Haut rundum schwarz ist und Blasen wirft, zwischendurch nötigenfalls drehen. Abkühlen lassen, dann die Haut abziehen und jede Schote längs in drei Stücke schneiden. Die Samen wegwerfen.

Die restlichen Zutaten vermischen. Die Mischung gleichmäßig auf die Paprikastreifen verteilen und diese aufrollen. Mit Zahnstochern zusammenstecken. Die Paprikaröllchen auf ein geöltes Backblech legen und mit Öl bestreichen, dann für 10–12 Minuten in den Backofen schieben. Heiß oder kalt servieren.

MOZZARELLA O BURRATA CON OLIO D'OLIVA
Mozzarella mit Olivenöl

FÜR 4 PERSONEN:
2 sehr frische Kugeln Büffelmilch-Mozzarella, in 1 cm dicke Scheiben geschnitten
3 EL natives Olivenöl extra
Salz und frisch gemahlener schwarzer Pfeffer

Mozzarella ist so vielseitig, daß sie – zusammen mit Parmesan – praktisch ein Synonym für Italiens Milchwirtschaft ist. Man verwendet sie für viele gegarte Speisen und ißt sie sowohl als antipasto *wie auch als Tafelkäse nach dem Hauptgericht. Die beste Mozzarella wird aus Büffelmilch hergestellt und kommt aus dem Süden. Eine wunderbare Variante ist die* burrata *aus Apulien, die eine feste elastische Hülle mit einer Füllung aus Rahm und kleinen weichen Käsefasern hat. Während sich Mozzarella einige Tage hält, sollte* burrata *sofort gegessen werden. Aus diesem Grund findet man sie außerhalb Italiens fast nie. Im Idealfall wird für dieses Rezept* burrata *verwendet, aber sehr gute Büffelmilch-Mozzarella ist ein ausgezeichneter Ersatz.*

Die Mozzarellascheiben auf einer Platte anrichten. Mit dem Olivenöl beträufeln und nach Geschmack salzen und pfeffern. Mit Taralli oder Grissini servieren. Man kann auch einige Scheiben Tomaten und einige Basilikumblätter zufügen, um die bekannte *insalata caprese* zuzubereiten.

BUTTARICA AL LIMONE
Bottarga mit Zitrone

FÜR 4 PERSONEN:
200 g Thunfisch-Bottarga, in sehr dünne Scheiben geschnitten
Saft von 1 Zitrone
4 EL Olivenöl
frisch gemahlener schwarzer Pfeffer

Obwohl Bottarga für Sardinien und Sizilien so typisch ist, scheint er ursprünglich aus Frankreich (Poutargue) zu kommen. Das Einsalzen und Trocknen von Fisch – oder in diesem Fall seines Rogens – ist eine sehr alte Konservierungsmethode. Bottarga, vornehmlich Thunfisch-Bottarga, ist sehr teuer, doch die Reichen genießen sie in vollen Zügen und die weniger Glücklichen in kleinen Mengen. Hier wird sie mit einem einfachen Dressing serviert, man kann sie jedoch auch mit Rührei essen oder wie Parmesan über Pasta reiben.

Die Bottarga-Scheiben auf Serviertellern anrichten. Zitronensaft und Olivenöl darüberträufeln und schwarzen Pfeffer darübermahlen. Dazu Brot reichen. Ich persönlich bevorzuge knuspriges gebuttertes Brot.

In Salz konservierte Anchovis für *antipasti* in glasierten Tontöpfen

COZZE ALLA TARANTINA
Miesmuscheln nach der Art von Tarent

FÜR 4 PERSONEN,
ALS TEIL EINES ANTIPASTO
SERVIERT AUCH FÜR MEHR:
1 kg Miesmuscheln
50 g *aglio e muddica*
(siehe Seite 58)
Öl zum Beträufeln
4 EL Tomatensaft
4 EL trockener Weißwein

In Tarent, dem großen italienischen Hafen am Golf von Tarent in Apulien, werden Miesmuscheln von höchster Qualität gezüchtet. Sie haben ein so wunderbares Aroma, daß man nur wenige Zutaten braucht, um ein großartiges Gericht daraus zu bereiten. Miesmuscheln werden auch in anderen Gegenden Italiens auf diese Weise gegart und dort als »cozze gratinate« bezeichnet. Sie können warm oder kalt gegessen werden und schmecken stets köstlich.

Den Backofen auf 200 °C (Gasherd Stufe 3–4) vorheizen.

Die Muscheln gründlich unter fließendem kaltem Wasser bürsten und entbarten. Alle geöffneten Muscheln, die sich, wenn sie auf die Arbeitsfläche geklopft werden, nicht schließen, wegwerfen. Die Muscheln mit 2 EL Wasser in einen großen Topf geben und zugedeckt bei mittelstarker Hitze 3–4 Minuten garen, bis sich alle geöffnet haben, dabei den Topf ab und zu schütteln (noch geschlossene Muscheln wegwerfen).

Die obere Schalenhälfte jeder Muschel entfernen. Die Muscheln in dichten Reihen auf ein Blech setzen und mit der Brotkrumen-Mischung bedecken. Mit Olivenöl beträufeln und für 8 Minuten in den Backofen schieben. Die Muscheln mit dem Tomatensaft begießen und noch einmal für 10 Minuten in den Backofen schieben. Den Weißwein darüberträufeln und die Muscheln weitere 2 Minuten garen.

FRUTTI DI MARE SALTATI
Gemischte Meeresfrüchte

FÜR 4 PERSONEN:

2 kg gemischte Meeresfrüchte wie Herzmuscheln, Garnelen, Meerdatteln und Venusmuscheln
6 EL Olivenöl
6 EL trockener Weißwein
2 EL fein gehackte frische Petersilie
frisch gemahlener schwarzer Pfeffer
Zitronenspalten zum Servieren

Dieser antipasto *wird in Italien in beinahe jedem Restaurant an der Küste serviert, wo die Meeresfrüchte natürlich sehr frisch sind. Sie werden gerade so lange gegart, daß sie ihren Saft – das Aroma des Meeres – abgeben. Mit Öl und Wein entsteht eine köstliche Mischung, die man mit einem Stück Brot komplett vom Teller aufwischen möchte.*

Meerdatteln und Venusmuscheln gelten in Italien als echte Delikatesse, sind aber anderswo schwer zu bekommen. Meerdatteln sehen tatsächlich wie Datteln aus, Venusmuscheln ähnlich wie Herzmuscheln. Es können aber auch andere Schalentiere wie etwa Jakobs- oder Miesmuscheln verwendet werden.

Die Muscheln unter fließendem kaltem Wasser bürsten, dabei alle geöffneten Muscheln, die sich nicht schließen, wenn sie auf die Arbeitsfläche geklopft werden, wegwerfen. Das Öl in einem großen Topf erhitzen und die Meeresfrüchte zufügen. Den Wein dazugeben und den Deckel auflegen. Die Zutaten bei mittelhoher Temperatur einige Minuten garen, bis sich alle Muscheln geöffnet haben und die Garnelen dunkelrosa sind, zwischendurch den Topf hin und wieder schütteln. Die Petersilie und reichlich schwarzen Pfeffer hineinrühren, dann die Meeresfrüchte sofort mit Zitronenspalten servieren.

Nächste Doppelseite:
frutti di mare saltati

INSALATA DI CICERIELLI

Salat von kleinen Aalen

FÜR 4 PERSONEN:

500 g frisch gefangene junge Sandaale

120 ml natives Olivenöl extra

Saft von 2 Zitronen

3 EL gehackte frische Petersilie

Salz und frisch gemahlener schwarzer Pfeffer

300 g geräucherter Schwertfisch, in sehr dünne Scheiben geschnitten

Von Zeit zu Zeit werden auf der Vucceria, dem berühmten Markt in Palermo, verschiedene junge Fischchen angeboten wie etwa kleine Anchovis oder Sandaale, was eben an diesem Tag gerade gefangen wurde. Diese kleinen Fische sind so zart, daß sie kaum gegart werden müssen. Tatsächlich essen manche Gourmets sie mit Zitronensaft und Olivenöl angemacht roh.

Die Aale sorgfältig waschen und von allen Verunreinigungen befreien. Dann in einem großen Topf in leicht gesalzenem kochendem Wasser je nach Größe 15 Sekunden oder etwas länger garen – die Fischchen sollten dabei etwas heller werden. Abtropfen lassen und in eine Schüssel geben. Mit Olivenöl, Zitronensaft, Petersilie sowie etwas Salz und Pfeffer anmachen. Auf jedem Servierteller drei oder vier Scheiben Schwertfisch anrichten und in die Mitte einen kleinen Berg Aale setzen.

FRITTELLE DI CICERIELLI
Aal-Küchlein

ERGIBT 20 STÜCK:

500 g frisch gefangene junge Sandaale
3 EL Semmelbrösel
3 Eier, verquirlt
1 EL sehr fein gehackte frische Petersilie
gutes Olivenöl zum Braten
Salz und frisch gemahlener schwarzer Pfeffer
Zitronenspalten zum Servieren

Wenn man junge Aale nicht als Salat ißt, bereitet man aus ihnen am besten Küchlein in der Bratpfanne zu. Sie eignen sich ausgezeichnet als antipasto *und können auch zu Drinks gereicht werden. Falls junge Aale nicht erhältlich sind, kann man auch kleine Anchovis oder sogar Garnelen verwenden.*

Die Aale sorgfältig waschen, dann gut abtropfen lassen. Mit Semmelbröseln, Eiern, Petersilie sowie etwas Salz und Pfeffer in eine Schüssel geben und vermischen. Reichlich Olivenöl in einer Pfanne erhitzen, bis es sehr heiß ist. Die Mischung löffelweise hineinsetzen und die Küchlein auf beiden Seiten bräunen, was nur wenige Minuten dauert. Die Mischung auf diese Weise aufbrauchen. Dann die Küchlein mit Zitronenspalten sofort servieren.

PRIMI
Vorgerichte

Nach dem *antipasto* kommt *il primo*, das Vorgericht. Im Süden Italiens ist dies der beliebteste Gang der Mahlzeit, denn es stehen hier vielerlei Pasta-Gerichte, Suppen aus Gemüsen oder Hülsenfrüchten, mit Gewürzen zubereitete Gemüse und, abhängig von der Jahreszeit, auch Nudelsalate zur Auswahl.

In Latium sind die beliebtesten Teigwaren Spaghetti und Bucatini. Sie werden mit *guanciale* und Eiern gegessen wie *Spaghetti alla carbonara* (siehe Seite 60) und *bucatini aglio e muddica* (siehe Seite 59). Zwei sehr unterschiedlichen Regionen des Südens – Kampanien oder genauer das Gebiet um Neapel und Apulien – hat die Welt einige der einfachsten und beliebtesten Nudelrezepte zu verdanken. Man verwendet dort stets gute getrocknete Fabrik-Pasta, nicht die Eierteigwaren, welche für Regionen des Nordens wie die Emilia Romagna typisch sind. Auch im Süden stellt man frische Pasta her, traditionell jedoch nicht mit Eiern. Fusilli etwa, eine typisch kampanische Nudelsorte, werden nur aus Mehl und Wasser zubereitet und eignen sich mit Tomaten- oder Fleischsauce serviert ausgezeichnet als *primo*. Spaghetti – in Kampanien werden sie Vermicelli (kleine Würmer) genannt – und Linguine sind die wahrscheinlich beliebtesten Nudeln für Vorgerichte. Mit einfachen Saucen aus heimischem Olivenöl, frischen Kräutern, Tomaten und Basilikum oder Meeresfrüchten wie Venus- und Miesmuscheln serviert, werden sie zu einem großartigen Geschmackserlebnis.

Orecchiette, die festen Nudelöhrchen aus Apulien, werden meist mit Gemüse wie Brokkoli, dem phantastischen heimischen Olivenöl, Knoblauch und Chillies zubereitet. Cavatelli sind Orecchiette sehr ähnlich, werden aber meist mit einer schweren Tomatensauce oder Meeresfrüchten serviert – siehe *Cavatelli con le cozze* auf Seite 49.

Letzte Doppelseite: *culurzones* (Seite 54)

Pasta-Vorgerichte sind in Kalabrien und Sizilien gleichermaßen beliebt, wo man sie stets mit vielen Gewürzen zubereitet. Sehr oft verwendet man, wie schon in römischer Zeit, als Aromazutat eingesalzene Anchovis. Ein außergewöhnlich feines Gericht ist *pasta con le sarde*, das mit frischen Sardinen und *finocchietto* (wildem Fenchel) zubereitet wird. Sardinien hat eigene Pasta-Formen entwickelt, von denen die beliebtesten *gnocchetti sardi* – kurze, dicke, geriffelte Teigwaren, die man gewöhnlich mit Hackfleischsauce aus Lamm oder Rind serviert – und *culurzones* (siehe Seite 54) – eine Art selbstgemachte Ravioli – sind.

Reis wird im Süden selten serviert. *Arancini*, fritierte Reisbällchen, sind eine Spezialität Siziliens. Auch ein Meeresfrüchte-Risotto wird zubereitet, doch es ist nicht mit dem cremigen Risotto des Nordens vergleichbar. Ausgezeichnet ist ein römischer Reisauflauf, der mit Steinpilzen und Hühnerinnereien gefüllt wird (siehe Seite 62).

Eines der seltsamsten Vorgerichte, das in den meisten Regionen des Südens gegessen wird, ist *panzanella* (siehe Seite 69). Es wird aus *frisella* (doppelt gebackenem Brot) oder altbackenem Brot, das in Wasser eingeweicht wurde, Tomaten, gutem Olivenöl und Basilikum zubereitet und sieht wie Hühnerfutter aus, schmeckt aber köstlich.

Auch Suppe wird als *primo* serviert. *Pasta e fagioli* (siehe Seite 72) oder *minestrone*, eine dicke Gemüsesuppe, sind im gesamten Süden bekannt. Die leichteste Suppe ist *Pasta in brodo*, eine gute Hühnerbrühe mit Nudeln.

Gnocchi, Klößchen aus Mehl und Kartoffeln, werden überall im Süden gern gegessen. In Neapel, wo man sie gewöhnlich mit einer Sauce aus frischen Tomaten und Basilikum zubereitet, nennt man sie *strangolaprieviti*, was soviel wie »Priesterwürger« bedeutet – vielleicht eine Anspielung auf die angebliche Gier der Priester und ihre Angewohnheit, das Essen in sich hineinzustopfen! Ganz anders sind die römischen Gnocchi – dicke Teigklößchen aus Grieß, Milch und Eiern, die mit Butterflöckchen besetzt und Parmesan bestreut im Backofen gegart werden. Inspiriert von den *panelle* aus Palermo und den römischen Gnocchi habe ich Gnocchi aus Kichererbsenmehl erfunden (siehe Seite 65).

Nicht zuletzt ist da noch grober Hartweizengrieß, den man im Süden zur Zubereitung von Couscous verwendet. Dieses ursprünglich nordafrikanische Gericht wird in Sizilien und insbesondere der Stadt Trapani zubereitet, wo man es mit einem leichten Fischtopf serviert.

Im Land der Sonne (der Tempel von Segesta, Sizilien)

CANNOLICCHI CON FRITTELLA
Pasta mit Artischocken, dicken Bohnen und Erbsen

FÜR 4 PERSONEN:
6 EL natives Olivenöl extra
200 g Zwiebeln, in dünne Scheiben geschnitten
8 zarte junge Artischocken
200 g enthülste junge Erbsen
200 g enthülste junge dicke Bohnen
2 EL grob gehackte frische Petersilie
400 g Cannolicchi (lange Röhrennudeln) oder normale Makkaroni
Salz und frisch gemahlener schwarzer Pfeffer
frisch geriebener Parmesan zum Servieren

Dies ist ein typisch sizilianisches Nudelgericht, bei dem man ungewöhnlich geformte Pasta mit einer interessanten Sauce kombiniert. Frittella, *der Stolz Palermos, kann auf verschiedene Weise zubereitet werden, doch verwendet man stets die besten Produkte des Frühjahrs wie junge Erbsen, dicke Bohnen und Artischocken.*

Das Olivenöl in einem Topf erhitzen. Die Zwiebeln zufügen und sanft braten, bis sie weich sind. In der Zwischenzeit die Artischocken vorbereiten. Das obere Drittel abschneiden und die harten Außenblätter entfernen, um das zarte Herz freizulegen. Die Stiele schälen, dann die Artischocken vierteln, bei großen Exemplaren das Heu entfernen. Artischocken, Erbsen, dicke Bohnen und ein Glas Wasser in den Topf geben. Den Deckel auflegen und die Zutaten 15 Minuten garen, dabei gelegentlich umrühren. Falls die Mischung zu trocken wird, noch etwas Wasser zufügen. Petersilie sowie etwas Salz und Pfeffer zugeben und die Gemüse weitere 5 Minuten garen, bis sie weich sind.

Die Nudeln in reichlich kochendem Salzwasser garen, bis sie *al dente* sind. Abtropfen lassen, ein wenig Garwasser auffangen. Pasta und Kochwasser zu den Gemüsen geben und gut unterheben. Mit geriebenem Parmesan servieren.

ORECCHIETTE CON BROCCOLI E PROSCIUTTO

Orecchiette mit Brokkoli und Schinken

FÜR 4 PERSONEN:

6 EL Olivenöl

50 g Prosciutto, in kleine Würfel geschnitten

1 Knoblauchzehe, fein gehackt

½ Chilischote, fein gehackt

6 Cocktailtomaten, geviertelt

200 g Brokkoliröschen

2 EL fein gehackte frische Petersilie

400 g Orecchiette (Nudelöhrchen)

40 g Pecorino, gerieben (nach Belieben)

Salz und frisch gemahlener schwarzer Pfeffer

Die Puristen der apulischen Küche werden entsetzt sein, daß ich mir die Freiheit nehme, dem klassichen Gericht Orecchiette con cime di rape *Schinken zuzufügen und die Rübenblätter durch Brokkoli zu ersetzen. Ich halte dies jedoch für eine ungemein gute Kombination, die der Region immer noch gerecht wird.*

Das Öl in einem Topf erhitzen und den Prosciutto einige Minuten braten. Knoblauch, Chilischote und Tomaten zufügen und kurz anbraten, dann Brokkoliröschen und ein wenig Wasser untermischen. Den Topfinhalt zugedeckt sanft garen, bis der Brokkoli weich ist. Die Petersilie unterrühren.

In der Zwischenzeit die Pasta in einem großen Topf mit leicht gesalzenem Wasser 12–15 Minuten kochen, bis sie *al dente* ist. Abtropfen lassen und zu der Sauce geben. Gut unterheben, dann salzen und pfeffern. Falls gewünscht, mit Pecorino servieren.

CAVATELLI CON LE COZZE
Cavatelli mit Miesmuscheln

FÜR 4 PERSONEN:
1 kg Miesmuscheln
6 EL natives Olivenöl extra sowie Olivenöl zum Servieren
1 Knoblauchzehe, fein gehackt
1 kleine Chilischote, fein gewürfelt
300 g Cocktailtomaten
1 kleines Bund glattblättrige Petersilie, fein gehackt
400 g Cavatelli
Salz und frisch gemahlener schwarzer Pfeffer

Diese Nudelsorte ist eine Spezialität Apuliens, vornehmlich Baris, wo Cavatelli für besondere Gelegenheiten noch immer von Hand aus Hartweizenmehl und Wasser hergestellt werden. Man bekommt jedoch auch ausgezeichnete industriell hergestellte Cavatelli. *Da von fast suppenartiger Konsistenz, sollte man dieses Gericht vielleicht mit dem Löffel essen.*

Die Muscheln unter fließendem kaltem Wasser bürsten und entbarten. Alle geöffneten Muscheln, die sich nicht schließen, wenn sie auf die Arbeitsfläche geklopft werden, wegwerfen. Die Muscheln mit 2 EL Wasser in einem großen Topf zugedeckt bei mittelstarker Hitze 3–4 Minuten garen, bis sich alle geöffnet haben, dabei den Topf gelegentlich schütteln (noch geschlossene Muscheln wegwerfen). Die Hälfte der Muscheln aus der Schale nehmen. Den Sud durch ein feines Sieb gießen.

Das Öl in einer Pfanne erhitzen. Knoblauch und Chilischote darin weich braten. Einen Teil der Cocktailtomaten halbieren. Halbe und ganze Tomaten in der Pfanne weich schmoren. Die Muscheln mit Sud und Petersilie zufügen und behutsam erhitzen. Nach Geschmack salzen und pfeffern.

In der Zwischenzeit die Pasta in einem großen Topf mit leicht gesalzenem kochendem Wasser *al dente* garen. Abtropfen lassen und unter die Muscheln heben. Ich träufle gern noch etwas gutes Olivenöl über jede Portion.

LINGUINE DI PORTO BADISCO (CON I RICCI)
Linguine mit Seeigelzungen

FÜR 4 PERSONEN:

Zungen (Eierstöcke und Gonaden) von 40 Seeigeln (siehe Text)
4 EL Olivenöl
1 kleine Chilischote, gehackt
2 Knoblauchzehen, gehackt
2–3 sehr reife Cocktailtomaten, in Stücke geschnitten
2 EL grobgehackte frische Petersilie
400 g Linguine
Salz und frisch gemahlener schwarzer Pfeffer

Ich war einmal in Porto Badisco, einer der vielen kleinen Küstenstädte Apuliens direkt am Absatz des italienischen Stiefels, zu einem Wettbewerb im Seeigelfischen als Richter eingeladen. Die Seeigel hatten ein herrliches Aroma und wurden zumeist roh oder auf Pasta gegessen. Wer selbst Seeigel fischt (Vorsicht mit den Stacheln), sollte nur die leicht violetten und grünen nehmen, nicht aber schwarze, da diese ungenießbar sind.

Die Seeigel in einem Tuch oder Handschuh halten. Zum Öffnen mit einer Küchenschere die untere Hälfte abschneiden und wegwerfen, die obere mit den orangefarbenen »Zungen« aufbewahren. Die Zungen säubern, dann mit einem Teelöffel herausholen und in eine Schüssel geben.

Das Öl in einem Topf erhitzen. Chilischote und Knoblauch darin kurz braten. Tomaten und Petersilie zugeben und wenige Minuten garen, dann salzen und pfeffern. Von der Kochstelle nehmen.

Die Pasta in einem großen Topf mit kochendem Salzwasser *al dente* garen, dann abtropfen lassen, dabei ein paar Löffel Kochwasser auffangen. Das Wasser in die Sauce rühren und die Nudeln unterheben. Auf jede Portion Seeigelzungen geben. Vor dem Essen unter die Pasta mischen.

SPAGHETTI IN PIAZZA
Spaghetti von der Piazza

FÜR 4 PERSONEN:

1 Krake (ca. 1 kg schwer)
6 EL natives Olivenöl extra
1 Drachenkopf (300 g schwer), ausgenommen und gesäubert
1 Knoblauchzehe, fein gehackt
1 kleine Chilischote, fein gehackt
800 g *polpa di pomodoro* (siehe Seite 15)
100 ml trockener Weißwein
500 g Spaghetti
2 EL grobgehackte frische Petersilie
Salz

Nächste Doppelseite (von links): *cavatelli con le cozze* (Seite 49); *orechiette con broccoli e prosciutto* (Seite 48)

Um mit erfahrenen sizilianischen Fischern bei Nacht mit einer lampara *– einer riesigen Lampe am Bug zum Feststellen der Untiefen – hinausfahren zu können, muß man zuvor ein Treffen mit einem von ihnen organisieren. Ich wurde von zwei mit Harpunen bewaffneten Fischern in einem kleinen Boot mitgenommen. Das Meer hätte spiegelglatt sein sollen, doch die See war sehr rauh, und wir fingen lediglich einen Kraken und einen Drachenkopf. Ich mußte also mit diesen wenigen Zutaten improvisieren, doch ungeachtet dessen ließen die Fischer es sich schmecken. Krake ist relativ leicht erhältlich, der Drachenkopf kann nötigenfalls durch Seeteufel ersetzt werden.*

Den Kraken säubern, dabei Augen und Kauwerkzeuge entfernen. Das Olivenöl in einem großen Topf erhitzen. Kraken, Drachenkopf, Knoblauch, Chilischote und Tomaten zufügen und zugedeckt bei schwacher Hitze 20 Minuten garen. Fisch und Kraken aus dem Topf nehmen. Den Fisch entgräten und das Fleisch zerblättern. Den Kraken in Stücke schneiden. Alles wieder in den Topf geben, den Wein und etwas Salz zufügen und den Topfinhalt 15–20 Minuten garen, bis die Krakenstücke weich sind. Falls die Sauce zu dick wird, etwas Wasser zugeben.

Die Spaghetti in einem großen Topf mit kochendem Salzwasser *al dente* garen, dann abtropfen lassen und unter die Sauce heben. Mit Petersilie bestreut servieren.

CULURZONES
Sardische Ravioli

FÜR 6–8 PERSONEN:
50 g Butter
8 Salbeiblätter
1 Prise Safran, in etwas heißem Wasser aufgelöst
frisch geriebener Pecorino oder Parmesan zum Servieren

Für die Füllung:
800 g Kartoffeln, gegart und zerdrückt
200 g frischer Pecorino (dolce), gerieben
50 g gereifter Pecorino, gerieben
120 g Parmesan, frisch gerieben
2 ½ EL natives Olivenöl extra
2 ½ EL fein gehackte frische Minze

Für den Teig:
300 g Mehl (Type 405)
1 Eigelb
etwa 120 ml Wasser

Es ist interessant, daß zwei so weit auseinanderliegende Regionen wie Sardinien und Venetien ihre Ravioli auf ganz ähnliche Weise zubereiten. Die Füllungen unterscheiden sich, doch beide schmecken wundervoll. Zur Zubereitung von culurzones *braucht man etwas Geduld, die jedoch reich belohnt wird.*

Für die Füllung Kartoffeln mit Käse, Öl und Minze vermischen und beiseite stellen.

Für den Teig das Mehl auf die Arbeitsfläche häufen (am besten auf eine Marmorplatte) und in die Mitte eine Mulde machen. Eigelb und Wasser in die Mulde geben – ein wenig Wasser zurückbehalten, falls nicht alles benötigt wird. Eigelb und Wasser mit einer Gabel verrühren, dann nach und nach das Mehl untermischen, um einen weichen Teig herzustellen. Den Teig etwa 20 Minuten kneten, bis er glatt und elastisch ist.

Den Teig von Hand oder in einer Nudelmaschine sehr dünn – etwa 2 mm dick – ausrollen. 10 cm große Kreise ausstechen. Die Teigreste zusammenkneten, wieder ausrollen und weitere Teigkreise ausstechen.

Zum Formen der *culurzones* einen Kreis auf die Hand legen und 1 TL Füllung in die Mitte setzen. Den Teig über der Füllung zusammennehmen, fälteln und zusammendrücken. Die Ravioli sollten wie kleine Geldbeutel aussehen.

Da der Teig sehr dünn ist, muß man rasch arbeiten und die noch übriggebliebenen Pastakreise sorgfältig abdecken, damit sie nicht austrocknen können.

Butter, Salbeiblätter und Safranwasser in einem großen Topf sanft erhitzen, bis die Butter geschmolzen ist. In der Zwischenzeit die *culurzones* in reichlich leicht gesalzenem kochendem Wasser garen, bis sie *al dente* sind. Abtropfen lassen, sorgfältig mit der heißen Butter vermischen und servieren. Falls gewünscht, mit weiterem geriebenem Pecorino oder Parmesan auftragen.

Nächste Doppelseite: *Spaghetti in piazza* (Seite 51)

AGLIO E MUDDICA
Arme-Leute-Parmesan

ERGIBT 200 GRAMM:

200 g frische Brotkrumen (am besten aus 1–2 Tage altem Landbrot hergestellt)
½ Knoblauchzehe
1 EL natives Olivenöl extra
1 kleine Chilischote, fein gewürfelt
1 EL sehr fein gehacktes frisches Basilikum
Salz

Wie viele ländliche Gerichte verdankt auch dieses seine Erfindung der Armut. Es ist ein preiswerter Ersatz für Parmesan, den sich früher nur Reiche leisten konnten. Heute aber stellt aglio e muddica *eine schöne Alternative zu Käse dar und verdient nicht länger das Etikett »arm«. Die Brotkrumen werden mit etwas Olivenöl, Knoblauch und Basilikum aromatisiert und wie geriebener Käse aufbewahrt. Wichtig ist, Landbrot nach Art des Südens zu verwenden, das aus Hartweizenmehl hergestellt wurde. Die Mischung kann über Pastagerichte, Gemüse, Fleisch und alles, was Ihrer Meinung nach dazu passen könnte, gestreut werden.*

Die Brotkrumen zwischen den Fingern reiben, bis sie etwa die Größe eines halben Reiskorns haben. Den Knoblauch möglichst fein hacken, um eine Paste herstellen zu können, dann mit dem Olivenöl mischen. Die Finger mit etwas Öl benetzen und die Brotkrumen kneten, bis sie das Öl ganz aufgenommen haben und nicht mehr klebrig sind. Basilikum und etwas Salz zufügen und mit den Fingern einarbeiten, bis wieder eine homogene Mischung entstanden ist. Im Kühlschrank aufbewahren.

BUCATINI AGLIO E MUDDICA
Bucatini mit Arme-Leute-Parmesan

FÜR 4 PERSONEN:

6 EL natives Olivenöl extra

1 Knoblauchzehe, fein gehackt

6 Anchovisfilets

1 EL in Salz konservierte Kapern, 10 Minuten gewässert, dann abgetropft und grob gehackt

400 g Bucatini oder Spaghettoni (dicke Spaghetti)

½ Portion *aglio e muddica* (siehe Seite 58)

frisch gemahlener schwarzer Pfeffer

Dieses sizilianische Gericht wird auch in Kalabrien gegessen, wo Brotbrösel oft verwendet werden, um Pasta mehr Biß zu geben. Die Brotkrumen können zuerst gebraten oder geröstet und dann wie Parmesan über die Nudeln gestreut werden.

Öl und Knoblauch in einer Pfanne so behutsam garen, daß der Knoblauch nicht bräunt. Anchovisfilets und Kapern zufügen und bei ganz schwacher Hitze rühren, bis die Anchovis zerfallen, dann von der Kochstelle nehmen.

Die Pasta in einem großen Topf mit kochendem Salzwasser garen, bis sie *al dente* ist. Abtropfen lassen, einige Löffel Kochwasser auffangen und in die Sauce rühren. Die Pasta unter die Sauce heben, mit schwarzem Pfeffer würzen und die Brotkrumenmischung darüberstreuen.

SPAGHETTI ALLA CARBONARA
Spaghetti mit Eiern und Speck

FÜR 6 PERSONEN:

500 g Spaghetti oder Spaghettoni (dicke Spaghetti)
25 g Schmalz
25 g Butter
2 EL Olivenöl
1 Knoblauchzehe, zerquetscht
100 g Pancetta oder *guanciale* (siehe Seite 16), in kleine Stücke geschnitten
5 EL trockener Weißwein
5 Eier
100 g Parmesan (oder, für die Puristen, Pecorino), frisch gerieben
3 EL fein gehackte frische Petersilie
Salz und frisch gemahlener schwarzer Pfeffer

*Ich habe hier ein Rezept für dieses bekannte Gericht aufgenommen, weil die meisten Leute, die ich kenne, es völlig falsch zubereiten, indem sie entweder Milch oder Sahne zufügen oder die Eier stocken lassen. Dieses Rezept ist das Original. Es wurde von Köhlern (*carbonara*), die Holzkohle verkauften, von Umbrien nach Latium gebracht. Die Römer übernahmen es, und heute ist es auf der ganzen Welt bekannt.*

Die Pasta in einem großen Topf mit kochendem Salzwasser *al dente* garen.

In der Zwischenzeit Schmalz, Butter und Öl in einem Topf erhitzen und Knoblauch und Pancetta darin knusprig braten. Den Knoblauch wegwerfen, dann den Wein zufügen und etwas einkochen lassen.

Die Eier in einer großen Schüssel mit geriebenem Käse, Petersilie sowie etwas Salz und Pfeffer vermischen. Die gegarten Spaghetti abtropfen lassen und zu der Eiermischung in die Schüssel geben. Die Pasta unter Rühren mit den Eiern überziehen, dann zu der Pancetta im Topf geben, unterheben und servieren.

SPAGHETTI ALLA CARRETTIERA
Spaghetti nach Kutscherart

FÜR 4 PERSONEN:

25 g getrocknete Steinpilze
4 EL Olivenöl
1 Knoblauchzehe, zerdrückt
50 g Pancetta, in kleine Stücke geschnitten
1 Dose Thunfisch in Öl, abgetropft
600 g *pomodorini* (sehr süße Cocktail- bzw. Kirschtomaten), in kleine Stücke geschnitten oder 500 g *polpa di pomodoro* (siehe Seite 15)
400 g (neapolitanische) Spaghetti
Salz
frisch gemahlener schwarzer Pfeffer (nach Belieben)
frisch geriebener Parmesan, zum Servieren (nach Belieben)

Zusammen mit Pizza sind Spaghetti ein Symbol für die Küche von Neapel. Dies ist ein ungewöhnliches Rezept für Spaghetti, auf das aber nicht nur die Neapolitaner, sondern auch die Sizilianer und Römer Anspruch erheben. Die neapolitanische Version ist sehr einfach und nach den Kutschern benannt, die einst Nahrungsmittel und Wein in große Städte transportierten. Ich finde die Kombination von Steinpilzen und Thunfisch äußerst interessant.

Die Steinpilze 30 Minuten in warmem Wasser einweichen, dann abtropfen lassen und hacken. Das Weichwasser aufbewahren.

Das Olivenöl in einer Pfanne erhitzen. Den Knoblauch zufügen und sanft braten, bis er weich ist. Die Pancetta-Würfel zufügen und etwas bräunen. Pilze und Thunfisch hineinrühren und einige Minuten braten, dann die Tomaten und etwas Salz zufügen und alles 20 Minuten köcheln lassen. Einige Löffel des durchgeseihten Weichwassers zugeben, um der Sauce Aroma zu verleihen, und diese weitere 5 Minuten garen.

In der Zwischenzeit die Spaghetti in einem großen Topf mit kochendem Salzwasser garen, bis sie *al dente* sind. Abtropfen lassen und mit der Sauce vermischen. Falls gewünscht, mit schwarzem Pfeffer würzen und mit Parmesan bestreuen.

TIMBALLO DI RISO CON RIGAGLIE

Reisauflauf mit Hühnerinnereien

FÜR 6 PERSONEN:

675 g Risottoreis, vorzugsweise Vialone Nano
75 g Parmesan, frisch gerieben
100 g Butter
50 g Semmelbrösel

Für das Ragout:

120 ml natives Olivenöl
300 g Zwiebeln, in dünne Scheiben geschnitten
675 g Hühnerinnereien wie Magen, Herz und Leber, in kleine Stücke geschnitten
300 g frische Steinpilze, gehackt
25 g getrocknete Steinpilze, 30 Minuten in heißem Wasser eingeweicht, dann abgetropft und gehackt
2 Gläser trockener Weißwein
600 g *polpa di pomodoro* (siehe Seite 15)
50 g Tomatenmark
3 EL fein gehackte frische Petersilie
Salz und frisch gemahlener schwarzer Pfeffer

Echten Risotto gibt es nur in Norditalien, wo man seine Zubereitung meisterlich beherrscht. Aber auch in allen anderen Regionen wird Risotto serviert. Dieses Gericht stammt aus Rom und ist nicht cremig, vielmehr handelt es sich um einen Auflauf. Doch es schmeckte den Mitgliedern der Accademia Italiana della Cucina, die in Labica bei Rom meine Gäste waren, sehr. Falls erhältlich, sollten Sie als Reis Vialone Nano wählen. Er hat ein kürzeres, runderes Korn als andere Risottoreis-Sorten, was diesem Gericht eine angenehme Konsistenz verleiht.

Den Reis in reichlich kochendem Salzwasser etwa 6 Minuten garen, dann abtropfen lassen. Er sollte aber etwas feucht bleiben. Mit Parmesan und 75 g Butter mischen. Beiseite stellen.

Den Backofen auf 200 °C (Gasherd Stufe 3–4) vorheizen.

Für das Ragout das Öl in einem Topf erhitzen. Die Zwiebeln zufügen und kurz braten, bis sie weich sind. Die Innereien dazugeben und bei mittlerer Hitze unter ständigem Rühren 10 Minuten braten. Frische und getrocknete Steinpilze zugeben und alles noch kurz garen. Den Wein dazugießen und einige Minuten sprudelnd kochen lassen, damit er verdampft, dann Tomaten und Tomatenmark hineinrühren. Salzen und pfeffern und den Topfinhalt ohne Deckel etwa 20 Minuten köcheln lassen, bis er die Konsistenz eines Ragouts hat. Die Petersilie hineinrühren.

Eine etwa 23 cm breite und 15 cm tiefe ofenfeste Form buttern und mit Semmelbröseln ausstreuen, einen Teil zum Bedecken des Auflaufs zurückbehalten. Den größten Teil der Reismischung etwa 2 cm dick an den Wänden der Form verteilen. Das Ragout hineinfüllen und mit dem restlichen Reis bedecken. Die übrigen Semmelbrösel darüberstreuen und die verbliebene Butter in Flöckchen daraufsetzen.

Den Auflauf für 15 Minuten in den Backofen schieben. Etwas abkühlen lassen, dann auf einen Servierteller stürzen. Sollte sich dies als zu schwierig erweisen, den Auflauf in der Form servieren.

RISOTTO SARDO
Sardischer Risotto

FÜR 6 PERSONEN:
6 EL Olivenöl
600 g Risottoreis
75 g gereifter Pecorino, gerieben
40 g Butter
frisch gemahlener schwarzer Pfeffer

Für das Ragout:
4 EL Olivenöl
1 kleine Zwiebel, fein gehackt
250 g gehacktes mageres Schweine- oder Kalbfleisch
1 kleines Glas Rotwein (vorzugsweise sardischer Cannonau)
200 g *polpa di pomodoro* (siehe Seite 15)
¼ TL guter gemahlener Safran
Salz

Dieser Risotto unterscheidet sich im Prinzip wenig von der spanischen Paella, was eigentlich nicht überrascht, wenn man bedenkt, daß Sardinien und Katalonien viele Dinge, darunter einige Dialekte, gemein haben. Trotzdem ist er ganz anders als der Risotto Norditaliens.

Zunächst das Ragout zubereiten. Das Öl in einem Topf erhitzen. Die Zwiebel zufügen und sanft braten, bis sie weich ist. Das Hackfleisch zufügen und bräunen. Wein, Tomaten, Safran und etwas Salz zugeben und alles 20–25 Minuten köcheln lassen. Von der Kochstelle nehmen und beiseite stellen.

Für den Risotto das Öl in einem Topf erhitzen. Den Reis hinzufügen und bei schwacher Hitze etwa 5 Minuten rühren, um alle Körner mit Öl zu überziehen. Nach und nach die Hälfte des Ragouts zufügen und 5 Minuten rühren. Nötigenfalls noch etwas Wasser zugeben, denn der Reis nimmt viel Flüssigkeit auf. Das restliche Ragout zufügen und etwa 10 Minuten weiterrühren, bis der Reis gar ist. Er sollte eine eher lockere Konsistenz haben. Geriebenen Käse, Butter und etwas Pfeffer untermischen. Den Risotto einige Minuten ruhen lassen, dann servieren.

MALLOREDDUS
Sardische Gnocchi mit Tomatensauce

FÜR 4 PERSONEN:

5 EL natives Olivenöl extra
1 kleine Zwiebel, fein gehackt
675 g *polpa di pomodoro* (siehe Seite 15) oder *pomodorini* (sehr süße kleine Cocktail- oder Kirschtomaten)
6 Basilikumblätter
400 g Malloreddus-Pasta (siehe Text)
50 g gereifter Pecorino, gerieben
Salz und frisch gemahlener schwarzer Pfeffer

Diese Pasta stellt man in Sardinien noch immer von Hand aus Hartweizenmehl, Safran und Wasser her. Zwar wird sie heute auch industriell produziert, doch Puristen meinen, die Qualität sei wesentlich schlechter. Zur Zubereitung der Pasta 350 g Hartweizenmehl, eine Prise Salz und ein Päckchen guten sardischen Safran, der in 250 ml warmem Wasser aufgelöst wurde, zu einem relativ steifen Teig vermischen und diesen mindestens eine halbe Stunde kneten. Etwas Teig zu einer dünnen Wurst rollen und diese in kleine Stücke schneiden. Die Stücke auf einem Butterbrettchen rollen. Auf diese Weise entstehen kleine geriffelte Gnocchi, die vor Verwendung etwas trocknen müssen. Einfacher ist es, sie fertig zu kaufen!

Das Öl in einem Topf erhitzen und die Zwiebel darin sanft braten, bis sie weich ist. Die Tomaten zufügen und 20 Minuten behutsam garen. Gegen Ende der Garzeit Basilikumblätter sowie etwas Salz und Pfeffer zugeben. Sollte die Sauce zu dick sein, auch etwas Wasser zugießen.

Die Pasta in einem großen Topf mit kochendem Salzwasser 11–12 Minuten *al dente* garen, dann abtropfen lassen. Die Sauce darunterziehen und das Gericht mit dem geriebenen Pecorino servieren.

PANELLE AL FORNO
Im Ofen gegarte Kichererbsen-Gnocchi

FÜR 4 PERSONEN:

1,5 l Wasser

15 g Salz

2 EL grobgehackte frische Petersilie

250 g Kichererbsenmehl (aus dem Naturkostladen)

50 g Butter

1 TL frisch geriebene Muskatnuß

40 g Parmesan, frisch gerieben

frisch gemahlener schwarzer Pfeffer

Obwohl diese Gnocchi große Ähnlichkeit mit gnocchi alla romana *haben, finde ich, daß sie mit Kichererbsenmehl zubereitet viel schmackhafter sind als jene aus Hartweizenmehl. In Palermo, wo die* panelle *gebraten und zwischen Brotscheiben gegessen werden, würde man mir da gewiß zustimmen. Die bei der Herstellung der Gnocchi anfallenden Teigreste pflege ich mit einer Sauce aus frischen Tomaten und Basilikum im Backofen zu garen, denn ich werfe ungern etwas weg!*

Das Wasser mit Salz und Petersilie in einen Topf geben und zum Kochen bringen. Nach und nach das Kichererbsenmehl einrieseln lassen, dabei kräftig mit einem metallenen Schneebesen schlagen, damit keine Klumpen entstehen. 5 Minuten unter Rühren garen, dann die Masse auf eine geölte Fläche gießen und 1 cm dick verstreichen. Abkühlen und fest werden lassen.

Den Backofen auf 200 °C (Gasherd Stufe 3–4) vorheizen.

Aus der Kichererbsenmasse 4 cm große runde Kreise ausstechen und diese dachziegelartig auf ein Backblech legen. Die Butter in Flöckchen daraufsetzen und Muskatnuß, Parmesan und schwarzen Pfeffer darüberstreuen. 10 Minuten im Backofen garen, dann unter den heißen Grill setzen, um die Oberfläche zu bräunen.

Nächste Doppelseite:

panelle al forno

ZUPPA DI LENTICCHIE
Linsen mit Borretsch

FÜR 4 PERSONEN:
400 g zarte kleine Linsen
2 Knoblauchzehen, abgezogen
1,5 l Hühner- oder Gemüsebrühe
200 g Cocktailtomaten, halbiert
200–250 g Borretschblätter, grob gehackt (die blauen Blüten als Garnitur aufbewahren)
120 ml natives Olivenöl extra
Salz und frisch gemahlener schwarzer Pfeffer

Würde man zuppa *hier als Suppe übersetzen, träfe das den Charakter dieses Linsentopfes aus Kampanien nicht. Es ist eines von mehreren Gerichten dieser Region, die mit Borretsch zubereitet werden und sehr einfach, aber wirklich schmackhaft sind. Einige Leute geben am Anfang etwas Chilischote dazu, ich verzichte jedoch darauf. Am besten eignen sich Castelluccio-Linsen – Sie können aber auch die zarten Puy-Linsen verwenden.*

Linsen, Knoblauch und Brühe in einem Topf zum Kochen bringen und 15 Minuten köcheln lassen. Tomaten und Borretsch zufügen und die Linsen weitergaren, bis sie weich sind, dann salzen und pfeffern. In Suppenschalen, mit Olivenöl beträufelt und den Borretschblüten garniert, servieren.

PANZANELLA MARINARA
Sommerlicher Brotsalat

FÜR 4 PERSONEN:
8 Scheiben italienisches Weißbrot, bei schwacher Hitze im Backofen getrocknet
300 g Cocktailtomaten, geviertelt
1 Bund Frühlingszwiebeln, fein gehackt
1 gelbe Paprikaschote, in kleine Würfel geschnitten
1 Knoblauchzehe, sehr fein gehackt
20 grüne Oliven, entsteint und halbiert
20 Basilikumblätter sowie Basilikumstengel zum Garnieren
120 ml natives Olivenöl
1 EL kräftiger Rotweinessig
8 Anchovisfilets, geviertelt
Salz und frisch gemahlener schwarzer Pfeffer

Hier ist ein einfaches Rezept, das alle Elemente der gesunden mediterranen Küche in sich vereinigt. Die Zutaten finden sich in jedem süditalienischen Haushalt und kosten nicht viel. Der Salat wird oft mit frisella *(siehe Seite 14) gemacht, aber meine Mutter verwendete für dieses Rezept im Backofen getrocknete Brotreste, die den Saft der reifen Tomaten besonders gut aufnehmen. Dies ist eine ideale Vorspeise für einen Sommertag.*

Das trockene Brot in etwas kaltem Wasser einweichen und grob zerkrümeln. Brotkrümel, Tomaten, Frühlingszwiebeln, Paprika, Knoblauch, Oliven und Basilikum in einer Schüssel gut vermischen. Öl und Essig, dann Salz und Pfeffer zufügen. Mit Anchovisfilets und einem Stengel Basilikum garniert servieren.

Nächste Doppelseite (von links):
panzanella marinara;
zuppa di lenticchie (Seite 68)

PASTA E FAGIOLI DI ZIA DORA
Tante Doras Pasta-Bohnen-Suppe

FÜR 4 PERSONEN:
300 g frische Cannellino-Bohnen (oder 150 g getrocknete Bohnen, über Nacht in Wasser eingeweicht und dann abgetropft)
1,5 l Brühe (Brühwürfel reichen aus)
2 sehr reife kleine Tomaten, in Stückchen geschnitten
4 EL natives Olivenöl
2 Knoblauchzehen, grob gehackt
4 Basilikumblätter
300 g Tubettini (kleine, kurze Röhren)
Salz und frisch gemahlener schwarzer Pfeffer
natives Olivenöl extra zum Beträufeln

Diese Suppe wird in ganz Italien gegessen, aber von Region zu Region – ja beinahe von Familie zu Familie – anders zubereitet. Der Hauptunterschied zwischen den Versionen des Nordens und denen des Südens besteht darin, daß man im Süden die Borlotto-Bohnen durch Cannellino-Bohnen ersetzt und die Bohnen nicht zerdrückt, um die Suppe anzudicken. Außerdem bereiten die Süditaliener sie am liebsten mit Olivenöl zu, so daß die Suppe auch kalt gegessen werden kann, was während des Sommers häufig geschieht. Dieses besondere Rezept erinnert mich an den Krieg, als ich die Ferien immer bei meiner Lieblingstante Dora in der Provinz Avellino verbringen durfte.

Die Bohnen mit Brühe und Tomaten in einem großen Topf zum Kochen bringen. Zugedeckt 1½–2 Stunden köcheln lassen, bis sie weich sind.

Das Öl in einem anderen Topf erhitzen. Den Knoblauch zufügen und braten, bis er goldbraun, aber noch nicht schwarz ist. Mit dem Basilikum in die Suppe rühren. Die Nudeln zugeben und garen, bis sie weich sind (in diesem Fall sollten sie nicht zu viel Biß haben). Mit Olivenöl beträufelt und mit Salz sowie reichlich schwarzem Pfeffer bestreut servieren.

Falls Bohnen aus der Dose verwendet werden, zunächst den Knoblauch im Öl braten, dann Tomaten, Brühe und Bohnen zufügen und zum Kochen bringen. Nudeln und Basilikum zugeben und alles köcheln lassen, bis die Pasta gar ist.

MARIOLA
Klare Brühe mit Omelettstreifen

FÜR 4 PERSONEN:

6 Eier

2 EL Semmelbrösel

4 EL Pecorino oder Parmesan, frisch gerieben

2 EL sehr fein gehackte frische Petersilie

4 EL Olivenöl

1 l gute Hühner- oder Rinderbrühe

Salz und frisch gemahlener schwarzer Pfeffer

Als ich dieser Suppe in Kalabrien begegnete, war ich verblüfft, denn sie ähnelt einem Gericht, das ich während meines Studiums in Wien sehr liebte, wo man diese Spezialität Frittatensuppe nennt. Für beide Suppen verwendet man gute Hühner- oder Rinderbrühe, in die man in Streifen geschnittene dünne Pfannkuchen gibt. Die Suppe ist sehr einfach zuzubereiten und erstaunlich schmackhaft.

Die Eier in einer Schüssel verschlagen und mit Semmelbröseln, Käse, Petersilie, Salz und reichlich Pfeffer vermischen. Das Olivenöl in einer Pfanne erhitzen und (je nach Größe der Pfanne) fünf bis sechs sehr dünne Pfannkuchen herstellen. Abkühlen lassen und in schmale Streifen schneiden.

Die Brühe in einem Topf erhitzen, bis sie sehr heiß ist, und die Omelettstreifen zufügen, dann servieren. Falls gewünscht, etwas geriebenen Parmesan darüberstreuen.

PIATTI INF

Backen und Braten

ORNATI
E FRITTI

Der Anblick alter Häuser in ländlichen Gegenden des Südens, bei denen direkt vor der Tür Holzöfen stehen, läßt auf ein angenehmes Leben schließen. Früher wurden diese Öfen einmal in der Woche befeuert, um das Brot der Familie zu backen, gelegentlich auch Pizza, pikante oder süße Torten sowie Kuchen. Das Aroma, das der Rauch und Geruch brennenden Holzes Speisen verleiht, gehört zu den herrlichsten, reizvollsten Dingen der kulinarischen Welt.

Von *bruschetta* bis zu *panzanella* ist Brot ein unverzichtbares Grundnahrungsmittel der Italiener. Da jede Region ihre eigenen Spezialitäten hat, gibt es eine wundervoll verlockende Vielfalt an Backwaren. Pizza ist das Backgut *par excellence*. Die besten Pizzas werden in einem Holzofen gebacken, und jede gute Pizzeria in Neapel, der Heimat der Pizza, verfügt über einen solchen. In heimischen Öfen Süditaliens werden von Nudelaufläufen bis zu gefüllten Gemüsen alle Arten von Speisen gegart. Bei einfachen Gemüsegerichten oder Kaninchen, Lamm und vor allem Huhn, das gewöhnlich mit Kartoffeln zubereitet wird, macht das Garen im Backofen das ständige Überprüfen des Garprozesses überflüssig, denn es müssen keine genauen Zeiten eingehalten werden, und die fertigen Gerichte sind immer köstlich. Überdies können viele dieser Speisen aufgewärmt werden, ohne jemals ihren Geschmack zu beeinträchtigen.

Die zweite äußerst beliebte Garmethode im Süden ist das Braten. Die Italiener verwenden dazu wenigstens zwei verschiedene Sorten Öl – einfaches Olivenöl und ein preiswerteres Produkt wie etwa Sonnenblumenöl. Das typische Aroma, das Olivenöl beim Braten verleiht, ist für viele Gerichte des Südens entscheidend. Einigen Speisen aber gibt Schmalz ihren charakteristischen Geschmack.

Letzte Doppelseite: *pasta cresciuta* (Seite 94)

Der Brauch des Bratens kommt wahrscheinlich aus arabischen Ländern, in denen Speisen auf diese Weise sehr rasch zubereitet werden, was den Vorteil hat, daß das Essen nach Abschluß der vorbereitenden Arbeiten schon nach wenigen Minuten serviert werden kann. Calzone – eine zusammengeklappte Pizza, bei der der Teig die Füllung umhüllt – kann rasch gebraten oder gebacken werden und ist überall im Süden erhältlich. Ebenfalls schnell zubereitet sind *arancini* (siehe Seite 91), kleine gefüllte Reisbällchen, die mit Semmelbröseln überzogen ausgebacken werden. Man ißt sie mittags, meist stehend, in Bars.

Natürlich werden die meisten gebratenen oder fritierten Speisen, vornehmlich Fleisch, Innereien und Gemüse, besser heiß und knusprig gegessen, doch einige, vor allem süße, schmecken auch kalt, wie etwa *struffoli* (siehe Seite 182), kleines Gebäck, das fritiert und dann mit Honig und kandierten Fruchtschalen aromatisiert wird. Damit gebratene und fritierte Speisen nicht fettig werden, muß man darauf achten, daß das Fett heiß genug ist und die Speisen sofort nach dem Herausheben zum Abtropfen auf Küchenpapier entfettet werden.

Der Süden hat viele gebratene oder fritierte Spezialitäten zu bieten. Der Inbegriff ist vielleicht der *fritto misto*. Er besteht üblicherweise aus verschiedenen Fleischsorten und Gemüsen, und natürlich kennt man auch den *fritto misto di pesce* aus Fisch und Meeresfrüchten, von dem es so viele Variationen wie Orte am Meer gibt. Zumeist aber enthält er kleine Kraken, Kalmare, Garnelen, kleine Fische und eventuell Aal. Unter einer Pergola am Meer mit einem guten Glas gekühltem Weißwein genossen, läßt er einen jener Momente entstehen, an die man sich nach der Rückkehr aus dem Urlaub stets erinnern wird.

PEPERONI, MELANZANE E ZUCCHINI RIPIENI
Gefüllte Paprikaschoten, Auberginen und Zucchini

FÜR 4 PERSONEN:

1 gelbe Paprikaschote
1 rote Paprikaschote
2 kleine Auberginen
2 Zucchini
200 g altbackenes Brot, die Rinde entfernt
1 Ei, verquirlt
3 EL fein gehackte frische Petersilie
150 g Parmaschinken, in kleine Würfel geschnitten
1 Knoblauchzehe, fein gehackt
150 g Caciocavallo, in kleine Würfel geschnitten
150 g Pecorino, in kleine Würfel geschnitten
2 EL frisch geriebener Parmesan
Olivenöl zum Beträufeln
Salz und frisch gemahlener schwarzer Pfeffer

Dieses beliebte Gemüsegericht wird im Süden Italiens als Hauptgericht, aber auch als antipasto *oder Imbiß serviert. Jedes Gemüse, das sich aushöhlen läßt, ist geeignet und kann mit einer Vielzahl von Füllungen kombiniert werden. Meine Mutter bereitete stets mehr gefüllte Gemüse als notwendig zu, über die meine Brüder und ich herfielen, wenn wir um Mitternacht nach Hause kamen und den Kühlschrank plünderten.*

Diese Version ist nichts für Vegetarier, außer man läßt den Schinken weg.

Den Backofen auf 200 °C (Gasherd Stufe 3–4) vorheizen.

Die Paprikaschoten einschließlich Stiel längs halbieren. Mit einem scharfen Messer Samen und Rippen entfernen. Auberginen und Zucchini ebenfalls der Länge nach halbieren und behutsam das Fleisch herausholen (ein Kugelausstecher oder ein Eßlöffel eignen sich hierfür gut), so daß »Schiffchen« entstehen.

Das Brot kurz in etwas Wasser einweichen, dann ausdrücken und fein zerkrümeln. Ei, Petersilie, Schinken, Knoblauch, Käse sowie etwas Salz und Pfeffer sorgfältig vermischen. Die Mischung locker in die Gemüse füllen und diese auf ein geöltes Backblech setzen. Großzügig mit Olivenöl beträufeln und 35 Minuten backen, bis die Gemüse weich sind und die Füllung gebräunt ist. Heiß, warm oder kalt servieren.

PASTA AL FORNO
Nudelauflauf

FÜR 8 PERSONEN:
800 g Pasta (wie Makkaroni)
450 g Mozzarella, in kleine Würfel geschnitten
200 g Parmesan

***Für die Sauce*:**
100 ml Olivenöl
1 Zwiebel, fein gehackt
1 Knoblauchzehe, fein gehackt
500 g Hühnerlebern und -herzen, gesäubert
400 g frische Steinpilze, gehackt, oder Zuchtpilze sowie 25 g getrocknete Steinpilze, 30 Minuten in warmem Wasser eingeweicht und abgetropft
1 kleines Glas trockener Weißwein
1 kg reife Tomaten, entkernt und gehackt oder 800 g *polpa di pomodoro*
2 EL gehacktes frisches Basilikum
Salz und frisch gemahlener schwarzer Pfeffer

Dieses Gericht eignet sich für große Feste wie Hochzeiten oder Weihnachten. Die Pasta selbst bildet nur die Basis für verschiedenste Köstlichkeiten, die einen gehaltvollen Auflauf entstehen lassen. Seltsamerweise ißt man zu festlichen Anlässen meist nahrhaftere Speisen als sonst, und auch von diesem Gericht kann man nur eine kleine Portion essen. Was übrigbleibt, schmeckt aber auch am nächsten Tag noch. Einige neapolitanische Gourmets fügen frische Trüffel hinzu, aber ich finde, das geht etwas zu weit …

Für die Sauce das Öl in einem großen Topf erhitzen und Zwiebel und Knoblauch braten, bis sie weich sind. Geviertelte Hühnerlebern und -herzen zufügen und bei mittlerer Hitze 15 Minuten garen, dabei ununterbrochen rühren. Die Pilze zugeben und einige Minuten schmoren. Den Wein dazugießen und etwas einkochen lassen. Tomaten und Basilikum zufügen und 40 Minuten sanft garen. Nach Geschmack salzen und pfeffern.

Den Backofen auf 200 °C (Gasherd Stufe 3–4) vorheizen.

Die Pasta in einem großen Topf mit kochendem Salzwasser die Hälfte der üblichen Zeit garen, dann abtropfen lassen und mit etwas Sauce vermischen. Nun Nudeln und Sauce in eine 25–30 cm große quadratische oder runde Backform oder ofenfeste Form schichten, dazwischen Mozzarella und geriebenen Parmesan verteilen. Den Abschluß bilden Sauce und Parmesan. Das Gericht für 25 Minuten in den Backofen schieben, dann servieren.

PIZZA MARINARA
Pizza mit Anchovis

ERGIBT 4 STÜCK:

Für den Teig:

25 g frische Hefe oder 15 g Trockenhefe
300 ml lauwarmes Wasser
1 Prise Salz
2 EL Olivenöl
600 g Mehl (Type 405)

Für die Tomatensauce:

2 EL Olivenöl
1 Knoblauchzehe, fein gehackt
1 Dose Tomatenstückchen (400 g)
4 Basilikumblätter
Salz und frisch gemahlener schwarzer Pfeffer

Für den Belag:

36 Anchovisfilets
1 EL in Salz konservierte Kapern, 10 Minuten gewässert, dann abgetropft
4 Knoblauchzehen, fein gehackt
1 EL getrockneter Oregano
1 Handvoll schwarze Oliven
120 ml Olivenöl

Von den zahllosen Pizza-Variationen mag ich am liebsten die einfache Pizza Margherita und Pizza Marinara.

Zunächst den Teig herstellen. Die Hefe im Wasser auflösen, dann Salz und Olivenöl hineinrühren. Das Mehl auf die Arbeitsfläche häufen und in die Mitte eine Mulde machen. Die Hefemischung hineingießen und untermischen, bis das Mehl die gesamte Flüssigkeit aufgenommen hat. Den Teig 10–15 Minuten kneten, bis er glatt und elastisch ist. Eine große Schüssel mit etwas Mehl ausstreuen. Den Teig hineinlegen und mit etwas Öl bestreichen, damit die Oberfläche nicht austrocknet. Die Schüssel mit einem trockenen Tuch abdecken und für 1 Stunde an einen warmen, zugfreien Platz stellen, bis der Teig sein Volumen verdoppelt hat. Den Backofen auf 230 °C (Gasherd Stufe 5) vorheizen.

Für die Tomatensauce das Olivenöl in einem Topf erhitzen. Den Knoblauch zufügen und 1–2 Minuten sanft braten. Die Tomatenstückchen unterrühren und 15 Minuten köcheln lassen. Salzen, pfeffern und Basilikumblätter untermischen.

Den Teig noch einmal durchkneten, dann in vier Portionen teilen. Jede zu einer Kugel formen und diese, in der Mitte beginnend, mit den Händen flachdrücken, so daß 5 mm dicke Fladen entstehen. Die Ränder sollten etwas dicker sein.

Die Böden auf ein Backblech oder in Pizzaformen mit 25–28 cm Durchmesser legen. Mit Tomatensauce bestreichen und mit Anchovis belegen. Kapern, Knoblauch und Oregano darüberstreuen und in die Mitte jeder Pizza einige Oliven setzen. Die

Pizzas mit Olivenöl beträufeln und mit frisch gemahlenem Pfeffer würzen, aber nicht salzen, da Anchovis und Kapern salzig genug sind. Die Pizzas im vorgeheizten Backofen 10 Minuten backen. Sie schmecken warm und sogar kalt köstlich.

PANE CASERECCIO
Landbrot aus Apulien

ERGIBT 1 GROSSEN LAIB:

25 g frische Hefe oder 15 g Trockenhefe
175 ml lauwarmes Wasser
2 EL Salz
1 TL grob gemahlener schwarzer Pfeffer
3 EL natives Olivenöl
2 Eier, verquirlt
600 g Mehl
150 g Salamireste, in kleine Würfel geschnitten
150 g Käsereste, in kleine Würfel geschnitten
2 EL Semmelbrösel

In einer italienischen Küche wird nichts weggeworfen, und oft bereiten Hausfrauen aus Resten wahre kulinarische Kunstwerke zu! Für pane casereccio *werden alle möglichen Käse- und Fleischreste verwendet, die noch gut, aber zu hart zum Schneiden von ansehnlichen Scheiben geworden sind. Man kann jeden Hartkäse von geriebenem Parmesan über Pecorino und Provolone bis Scamorza und auch Salami, Schinken oder Wurst verwenden.*

In einer kleinen Schüssel die Hefe im Wasser auflösen, dann Salz, Pfeffer, Öl und Eier unterrühren. Das Mehl in eine große Schüssel füllen, in die Mitte eine Mulde machen und die Hefemischung hineingeben. Vermischen und einen Teig herstellen. Den Teig mindestens 20 Minuten kneten, bis er glatt und elastisch ist. Salami und Käse darüberstreuen und vorsichtig in den Teig kneten. Den Teig mit den Händen zu einer Wurst und daraus einen Ring formen. Diesen behutsam auf ein mit den Semmelbröseln bestreutes Blech legen. Abdecken und für 20 Minuten an einen warmen, zugfreien Platz stellen, bis der Teig etwas aufgegangen ist.

Den Backofen auf 200 °C (Gasherd Stufe 3–4) vorheizen.

Das Brot 35 Minuten backen, bis es goldbraun ist und hohl klingt, wenn man auf die Unterseite klopft.

MOZZARELLA FRITTA
Gebratene Mozzarella

FÜR 4 PERSONEN:
2 Kugeln Mozzarella, vorzugsweise aus Büffelmilch, in 1 cm dicke Scheiben geschnitten
Mehl zum Bestäuben
2 Eier, mit etwas Salz und schwarzem Pfeffer verquirlt
Semmelbrösel zum Panieren
Olivenöl zum Braten

Dieser einfache Snack ist schnell zubereitet und dennoch eine Köstlichkeit, die die Stimmung hebt. Er ähnelt der bekannteren mozzarella in carrozza, *ist aber leichter, da kein Brot verwendet wird.*

Die Mozzarellascheiben dünn mit Mehl überziehen und in die verquirlten Eier tauchen. Dann in den Semmelbröseln wenden. Etwas Öl bei mittlerer Temperatur in einer großen Pfanne erhitzen und die Mozzarellascheiben auf beiden Seiten braten, bis sie zu schmelzen beginnen – das geht sehr rasch. Sofort servieren.

PANE CARASAU O CARTA DA MUSICA
Sardisches Fladenbrot

FÜR 16 BLÄTTER:
20 g frische Hefe
ca. 500 ml lauwarmes Wasser
1 Prise Salz
1 kg Hartweizenmehl, nicht zu fein gemahlen, aber feiner als Grieß

Dieses dünne, knusprige Brot, welches Notenpapier ähnelt – daher der Name – ist vielleicht das eindrucksvollste Rezept, das ich während meiner letzten Reise durch den italienischen Süden in Sardinien fand. Dieses Knusperbrot, dessen Ursprung unbekannt ist, wurde einst in riesigen Mengen für lange Seereisen und für Hirten, die den Sommer in den Bergen verbrachten, gebacken. Es ist sehr dünn und hält, in ein Tuch gewickelt, monatelang. Da es sehr knusprig ist, kann man es essen wie es ist, aber man kann es auch mit Olivenöl kurz aufbacken, wodurch es noch knuspriger wird, oder es in Stückchen gebrochen wie Cornflakes in Milch geben. Überdies läßt sich daraus Lasagne bereiten oder man feuchtet es mit Brühe an und gibt Tomaten, etwas geriebenen Pecorino und ein pochiertes Ei darauf – dann heißt es pane frattau. *Mit Wasser befeuchtet kann es auch mit einer beliebigen Füllung aufgerollt werden. Da die Herstellung dieses Brotes etwas Geschick erfordert und es in einem Holzofen gebacken werden sollte, ist es vielleicht einfacher, es in einem guten italienischen Lebensmittelgeschäft zu kaufen. Für die, die es dennoch ausprobieren möchten, hier das Rezept.*

Die Hefe im Wasser auflösen, dann das Salz einrühren. Das Mehl auf eine Arbeitsfläche häufen und eine Mulde hineindrücken. Die Hefemischung hineingießen und nach und nach das Mehl unterziehen, bis ein relativ fester Teig entstanden ist. Diesen 10–15 Minuten durchkneten, bis er geschmeidig ist, dann in 8 Kugeln formen. Die Teigballen auf ein bemehltes Brett legen, mit einem Küchentuch bedecken und zu doppeltem Volumen aufgehen lassen.

Jede Teigkugel mit einem Nudelholz in der Mitte beginnend etwa 3 mm dick ausrollen und zwischen Baumwolltüchern gestapelt 15 Minuten ruhen lassen.

Den Ofen auf 220°C vorheizen.

Die Teigfladen auf Backbleche legen und einen nach dem anderen backen, bis sie wie Kissen aufgegangen sind, was nur etwa 1 Minute dauert. Um die Fladen beim Aufblähen zu unterstützen, sollten sie mit einem Backwender auf dem Blech bewegt und nach kurzer Zeit gewendet werden. Aus dem Ofen nehmen, die »Kissen« zusammenpressen und waagrecht durchschneiden, um jeweils noch 2 dünnere Fladen zu erhalten. Diese noch einmal im Ofen rösten, bis sie ganz knusprig sind, auskühlen lassen und an einem trockenen Platz, eventuell in einer Blechdose oder in Tücher gewickelt, aufbewahren.

Nächste Doppelseite (von links):
pizza marinara (Seite 80);
pane casereccio (Seite 81)

CROCHETTE ALLE MANDORLE
Kartoffelkroketten mit Mandeln

FÜR 4 BIS 6 PERSONEN:
500 g Kartoffeln
1 Ei
100 g Parmesan, frisch gerieben
100 g blanchierte Mandeln, geröstet und grob gehackt
150 ml Olivenöl
Salz und frisch gemahlener schwarzer Pfeffer

Dies ist eine sehr schmackhafte und nützliche Alternative zu einfachen Kartoffelkroketten, die als Beilage zu Fisch oder Fleisch serviert werden kann.

Die Kartoffeln waschen, aber nicht schälen und in einen Topf mit Wasser geben. Das Wasser zum Kochen bringen, die Kartoffeln weich köcheln, abtropfen und abkühlen lassen, dann schälen und zerdrücken. Ei, Parmesan sowie etwas Salz und Pfeffer untermischen und aus der Masse Kroketten von knapp 8 cm Länge und 2,5 cm Dicke formen.

Die gehackten Mandeln auf einen Teller geben und die Kartoffelkroketten darin wenden. Das Öl in einer Pfanne erhitzen und die Kroketten bei mittlerer Hitze braten, bis sie goldbraun sind. Warm oder kalt servieren.

FRITTO DI POLIPETTI
Fritierte junge Kraken

FÜR 6 PERSONEN:
1 kg kleine Kraken
Mehl zum Wenden
Olivenöl zum Fritieren
Salz und frisch gemahlener schwarzer Pfeffer
Zitronenspalten zum Servieren (nach Belieben)

Fritierte Fische und Meeresfrüchte sind in allen Küstenregionen Italiens beliebt, wo sie ständig frisch angeboten werden. Am einfachsten lassen sie sich zubereiten, wenn man sie noch jung und zart in Mehl wendet und sie dann knusprig fritiert – mit einem frischen Tomatensalat, gutem Brot und gekühltem Weißwein sind sie ein ideales Sommeressen. Die kleinen Kraken, die ich für dieses Rezept verwendet habe, waren so sauber, daß sie innen gar nicht gereinigt werden mußten.

Das Olivenöl erhitzen. Die Kraken waschen und sorgfältig abtropfen lassen. In Mehl wenden, überschüssiges Mehl abschütteln. Sofort in dem heißen Olivenöl fritieren, bis sie goldbraun sind, aber nicht länger als 3 Minuten. Nach Geschmack salzen und pfeffern und, falls gewünscht, mit Zitronenspalten servieren.

Nächste Doppelseite (von links): *fritto di polipetti; anguilla alla romana* (Seite 142)

FRITTATA DI PEPERONI VERDI

Omelett mit grünen Paprikaschoten

FÜR 4 PERSONEN:

12 Eier von Freilandhühnern
500 g kleine grüne Paprikaschoten oder 4 große grüne Schoten, entkernt und in jeweils 8 Ringe geschnitten
6 EL Olivenöl zum Braten
2 EL frische Petersilie, sehr fein gehackt
50 g Parmesan, frisch gerieben
Salz und frisch gemahlener schwarzer Pfeffer nach Geschmack

Im Süden bereitet man zum Abendessen häufig Omeletts mit Zucchini, Zwiebeln, Spargel und anderen Gemüsen zu.

Am besten verwendet man für dieses Rezept jene sehr kleinen grünen Paprikaschoten, die wie Chillies aussehen, aber süßlich schmecken. Am häufigsten werden die normalen grünen Paprikaschoten angeboten, die gegart eher nach Gras schmecken. Die frittata *kann als Hauptgang oder auch als* antipasto *serviert werden. Hierfür in kleinere Stücke schneiden.*

Die Eier in einer Schüssel verschlagen und Petersilie, Parmesan, Salz und Pfeffer zufügen. Das Öl in einer Pfanne erhitzen und die Paprikaringe braten, bis sie weich werden. Kleine Paprikaschoten werden nicht entkernt und ganz gebraten. Die Eimasse zufügen und bei mittlerer Temperatur stocken lassen, umdrehen und auf der anderen Seite hell bräunen. Das Omelett vierteln und sofort servieren.

ARANCINI
Reisbällchen

ERGIBT 8 BÄLLCHEN:
300 g Arborio-Reis
200 g Mozzarella und frischer Pecorino gemischt, in Würfel geschnitten
50 g Parmesan, frisch gerieben
50 g Butter, in 8 Würfel geschnitten
Salz und frisch gemahlener schwarzer Pfeffer nach Geschmack
2 Eier, verquirlt
Semmelbrösel zum Panieren
reichlich Schmalz oder Öl zum Fritieren

Eine der beliebtesten Reisspezialitäten ist der arancino di riso, *der aus Sizilien stammt und heute allerorts in Cafés und an Imbißständen verkauft wird.* Arancino *heißt er deshalb, weil er in Form und Größe an eine Orange erinnert. Meist gibt es zwei Varianten, von denen eine mit Ragù und die andere mit Käse gefüllt ist. Am besten ißt man diese Bällchen frisch fritiert, doch seit der Erfindung der Mikrowellengeräte werden sie heute oft aufgewärmt. Hier das Rezept für die Version mit Käse.*

Den Reis etwa 12 Minuten in Salzwasser garen, bis er »al dente« ist, also noch etwas Biß hat. Mozzarella, Pecorino und Parmesan vermischen. Den Reis in acht gleiche Portionen teilen. Eine Portion in der Hand formen, so daß ein »Gefäß« mit einer 2 cm dicken Wand entsteht. Etwas Käsemischung, einen Würfel Butter und ein wenig Pfeffer in die Mitte geben. Die Hand schließen, um ein Bällchen entstehen zu lassen, dabei darauf achten, daß der Reis den Käse vollständig umhüllt. Den Reis zusammendrücken und wie eine Orange formen. Das verquirlte Ei salzen und pfeffern und die Bällchen behutsam darin wenden. Dann gut mit Semmelbröseln überziehen und bei mittlerer Hitze goldbraun fritieren. Für weitere 8 Minuten in den sehr heißen Backofen schieben, dann servieren.

Nächste Doppelseite:
peperoni, melanzane e zucchini ripieni (Seite 78)

PASTA CRESCIUTA
Ausgebackenes Allerlei

FÜR 6 BIS 8 PERSONEN:
24 halbe sonnengetrocknete Tomaten
12–16 Zucchiniblüten
24 große Salbeiblätter
24 Anchovisfilets
Olivenöl zum Fritieren

Für den Teig:
20 g frische Hefe
315 ml lauwarmes Wasser
300 g Mehl (Type 405)
1 Prise Salz

Die Italiener essen sehr viele fritierte Speisen, wobei sie zum Fritieren fast ausschließlich gutes Olivenöl benutzen, das dem Fritiergut einen wunderbaren Geschmack verleiht. Dieses Rezept ist ein ausgezeichneter Partysnack, der zwar warm am allerbesten schmeckt, aber auch kalt gegessen werden kann. Zum Ausbacken verwendet man Hefeteig, der sich auch für andere Zutaten eignet – Sie können also selbst neue Leckereien erfinden!

Zur Herstellung des Teigs die Hefe im Wasser auflösen. Mehl und Salz in eine Schüssel sieben, in die Mitte eine Mulde drücken und die Hefemischung hineingeben. Mit dem Schneebesen kräftig schlagen, bis ein dicker Teig entstanden ist. Abdecken und 1 Stunde an einem warmen Platz gehen lassen, bis er sein Volumen fast verdoppelt hat.

Die sonnengetrockneten Tomaten 30 Minuten in warmem Wasser einweichen, abtropfen lassen und trockentupfen. Falls nötig, Schmutz oder Insekten aus den Zucchiniblüten schütteln.

In einem großen, tiefen Topf bei mittelhoher Temperatur reichlich Olivenöl erhitzen. Tomaten, Zucchiniblüten, Salbei und Anchovis nacheinander in den Teig tauchen und sofort in dem heißen Öl ausbacken, bis der Teig aufgegangen und goldbraun ist. Die Salbeiblätter am besten nach dem Eintauchen in den Teig zu Paaren aufeinanderlegen. Die Anchovisfilets auf die Oberfläche des Teig legen und mit einem Löffel herausheben. Das ausgebackene Fritiergut auf Küchenpapier abtropfen lassen und sofort servieren.

CALZONCINI O PANZEROTTI

Ausgebackene kleine Calzoni

ERGIBT 12 STÜCK:

1 Portion Pizzateig (siehe Seite 80)
400 g Mozzarella, in kleine Würfel geschnitten
200 g Ricotta
100 g Parmesan, frisch gerieben
1 EL fein gehacktes frisches Basilikum
Olivenöl zum Fritieren
Salz und frisch gemahlener schwarzer Pfeffer

Der gebackene Calzone oder – wie ich ihn nenne – die umgestülpte Pizza, ist in Pizzerias auf der ganzen Welt populär geworden. Ich mag jedoch die fritierten neapolitanischen Calzoni noch lieber, da sie sich rascher zubereiten lassen und mehr Spaß machen. Sie heißen auch panzerotti *– was sich von* panza *ableitet, was Bauch bedeutet – da sie sich während des Fritierens aufblähen. Dies ist eine einfache Version, die nur mit Käse zubereitet wird, doch das Originalrezept enthält auch Prosciutto und Salami.*

Den Teig nach dem Gehen noch einmal durchkneten, dann zwölf Kugeln daraus formen. Jede zu einem dünnen runden Fladen von 15 cm Durchmesser ausrollen. Das Olivenöl erhitzen.

Käse, Basilikum sowie etwas Salz und Pfeffer vermischen. Die Füllung auf eine Hälfte jedes Fladens geben und die andere Hälfte darüberfalten. Die Ränder zusammendrücken. Die Taschen in reichlich heißem Olivenöl ausbacken, bis sie auf beiden Seiten braun und knusprig sind. Währenddessen schmilzt auch der Käse.

SECOND
Hauptgerichte

I–CARNE

Fleisch

Angesichts der Tatsache, daß man in Süditalien die gesunde mediterrane Küche genießt, fragt sich mancher vielleicht, wohin das Fleisch verschwindet, das die Italiener nach *antipasto* und *primo* essen. Aber Fleisch wird niemals in großen Portionen serviert, denn der *secondo* ist nur ein Teil der Mahlzeit und nicht das Hauptereignis. Rind- und Kalbfleisch werden im Süden nur gelegentlich gegessen, da dort keine saftigen Weiden wie im Norden existieren. Manchmal ißt man Büffelfleisch, das offenbar sehr schmackhaft ist, aber die meisten Büffel werden nur wegen ihrer Milch gehalten, die zur Herstellung von Mozzarella dient.

Am häufigsten werden im Süden Lamm und Hammel gegessen, denen die Ziege ein wenig Konkurrenz macht. Schweinefleisch findet sowohl frisch als auch konserviert (siehe Seite 15) sehr viel Verwendung. Bei Geflügel handelt es sich fast immer um Huhn, doch auch Ente, Gans und Pute werden gelegentlich gegessen. In speziellen Metzgereien bekommt man, vornehmlich in Apulien, Pferdefleisch, das hauptsächlich im Sommer gegessen wird, da es bei Hitze gut halten soll. Da ich aber weiß, daß die meisten meiner Leser diesem Fleisch skeptisch gegenüberstehen, habe ich kein Rezept in dieses Buch aufgenommen! In Italien wird es vor allem gegrillt oder geschmort. Und damit sind wir bei der Vorliebe der Süditaliener, zartes Fleisch auf Holzkohlen zu grillen und zähere Stücke zu schmoren. Hierbei zugefügte Tomaten lassen eine kräftige Sauce entstehen, welche mit Pasta serviert wird, während man das Fleisch getrennt als Hauptgang reicht. Neapel ist berühmt für sein *ragù*, für das Rind-, Schweine- oder Lammfleisch langsam in Tomatensauce gegart wird und dabei ein herrliches Aroma entwickelt. Braten werden meist mit Kartoffeln und Artischocken

Letzte Doppelseite: *arrosto di maiale con patate all'aglio* (Seite 104)

gegart, die man dann als schmackhafte Beilagen serviert. Wein verwendet man zum Garen von Fleisch selten. Eine Ausnahme bilden *scaloppine al marsala secco* (siehe Seite 105), obwohl das Rezept nicht aus Sizilien stammt, wie man vielleicht vermuten würde, sondern aus dem Norden, wo Kalbfleisch leichter erhältlich ist.

Innereien sind überall beliebt. Kutteln werden auf viele verschiedene Arten zubereitet, vornehmlich in Rom und Neapel. Die anderen Regionen bevorzugen Herz, Lunge, Leber, Milz und selbst Hoden, die in ein Stück Darm gewickelt und dann gegrillt werden. Spezialitäten wie gekochte Kutteln werden mit vielen Gewürzen zubereitet am Straßenrand angeboten. Sie schmecken köstlich, erinnern aber auch daran, wie arm die Region in der Vergangenheit war, als man die Innereien von Schwein und Lamm aß, weil sie so preiswert waren.

Nicht zuletzt ißt man auch sehr gern Wild, obwohl es wegen übermäßiger Bejagung leider immer schwerer zu bekommen ist. Während der Saison jagt man Tauben, Hasen und verschiedene Zugvögel und verspeist sie mit Genuß. In den Geschäften sieht man Wild nur selten, weil es meist von Familie und Freunden der Jäger gegessen wird. Wachteln sind leichter erhältlich, da sie gezüchtet werden. Eine Hauptattraktion der sardischen Küche ist noch immer Wildschwein, denn obwohl die Insel vom herrlichsten Meer umgeben ist, ißt man dort seit jeher viel mehr Fleisch als Fisch.

BRACIOLE D'ABBACCHIO CON CARCIOFI
Lammkoteletts mit Artischocken

FÜR 4 PERSONEN:
16 kleine oder 4 große Artischocken
8 Lammkoteletts
6 EL Olivenöl
1 Knoblauchzehe, fein gehackt
1 kleine Zwiebel, fein gehackt
1 Stengel Majoran
2 Gläser trockener Weißwein
250 ml Hühnerfond
Salz und frisch gemahlener schwarzer Pfeffer

Die Kombination von Lamm und Artischocken ist für Latium und insbesondere für Rom typisch, und dieses Rezept ist sehr einfach, aber wirkungsvoll. Sollten Sie die zarten, kleinen Artischocken nicht bekommen, die man in Rom nimmt, verwenden Sie größere, entfernen das Heu und vierteln die Herzen.

Das obere Drittel der Artischocken abschneiden, die harten Außenblätter entfernen und die Stiele schälen. Die Artischocken in mit etwas Zitronensaft gesäuertes Wasser legen, damit sie sich nicht verfärben.

Die Koteletts salzen, pfeffern und in dem Olivenöl braten (früher wurde Schmalz verwendet), bis sie auf beiden Seiten gebräunt sind. Herausnehmen und beiseite stellen. Knoblauch und Zwiebel in derselben Pfanne einige Minuten behutsam braten, bis sie weich sind. Majoran, Artischocken, Wein und Fond hineinrühren. Zum Köcheln bringen und zugedeckt 10 Minuten garen, bis die Artischocken weich sind. Die Koteletts wieder in die Pfanne legen und bei geringerer Hitze noch einmal 10 Minuten sanft garen. Abschmecken, dann sofort servieren.

AGNELLO CON FINOCCHIO AL MARSALA

Lammkoteletts mit Fenchel und Marsala

FÜR 4 PERSONEN:

12 Lammkoteletts

Mehl zum Wenden

Olivenöl zum Braten

1 Knoblauchzehe, fein gehackt

1 Fenchelknolle mit Blättern, in kleine Stücke geschnitten

1 Glas guter trockener Marsala

Salz und frisch gemahlener Pfeffer

Nach einer Marsala-Verkostung stellte ich fest, daß dieser kräftige Wein auch gut zu Lamm paßt. Dieses Gericht kann ebenso mit Kaninchen oder Huhn zubereitet werden. In Sizilien würde man wilden Fenchel verwenden, der dort in Hülle und Fülle wächst. Die Kombination der Aromen ist ungewöhnlich, aber sehr gut.

Die Lammkoteletts im Mehl wenden, überschüssiges Mehl abschütteln. Die Koteletts in heißem Olivenöl auf beiden Seiten bräunen, aus der Pfanne nehmen. Knoblauch und Fenchel in derselben Pfanne einige Minuten unter Rühren braten. Marsala, Salz und Pfeffer zufügen und die Koteletts wieder in die Pfanne legen. 15 Minuten sanft garen, dann servieren.

Anstoßen auf den Erfolg der Firma Florio, einem der ältesten Marsala-Hersteller Siziliens

AGNELLO BRODETTATO
Lamm mit Eiersauce

FÜR 4 PERSONEN:

6 EL natives Olivenöl extra

1 große Zwiebel, in Scheiben geschnitten

900 g entbeinte Lammkeule, in größere Stücke geschnitten

1 Glas trockener Weißwein

1 Ei

3 Eigelb

2 EL grobgehackte frische Petersilie

Saft von ½ Zitrone

Salz und frisch gemahlener schwarzer Pfeffer

Matera ist eine der interessantesten Städte in der Basilicata. Von ihrem hohen Alter künden noch immer die Sassi, höhlenartige Behausungen, die in den weichen Kalktuff gehauen wurden. Noch interessanter sind die chiese rupestri, *Felsenkirchen, die ebenfalls auf diese Weise gebaut wurden und als Zufluchtsort, Wohnung und selbst Weinkeller dienten. In einigen sind noch tausend Jahre alte Original-Fresken zu sehen. Das Essen, das ich für den Architekten bereitete, der die Restaurierungsarbeiten in der Stadt leitet, spiegelt die Küche dieser Gegend wider. Es ist einfach und schmackhaft.*

Das Öl in einem großen Topf erhitzen und die Zwiebel darin sanft braten, bis sie weich ist. Das Fleisch zufügen und 5 Minuten bräunen. Den Wein sowie etwas Salz und Pfeffer unterrühren und den Deckel auflegen. Das Fleisch 20–30 Minuten schmoren, bis es weich ist, zwischendurch ab und zu umrühren, damit es nicht ansetzt.

Das ganze Ei und die Eigelbe in einer Schüssel verquirlen, dann Petersilie und Zitronensaft zufügen. Den Topf von der Kochstelle nehmen. Die verquirlten Eier hineinrühren, so daß eine seidig-glatte Sauce entsteht. Die Hitze des Fleisches läßt die Eier sanft garen, sie sollten aber nicht gerinnen. Sofort mit Brot servieren.

SALSICCIA FRESCA
Frisch zubereitete Bratwürstchen

FÜR 4 BIS 6 PERSONEN:

3 m Wurstdarm

1,25 kg mageres Schweinefleisch

300 g fetter Speck

25 g Salz

1 TL frisch gemahlener schwarzer Pfeffer

1 TL Fenchelsamen

300 g Caciocavallo oder Provola, in kleine Würfel geschnitten

getrocknete Chilischote, vorsichtig dosiert (nach Belieben)

Hier können Sie nun selbst Bratwürstchen herstellen, sofern Sie von Ihrem Metzger Wurstdarm bekommen und ein kleines Gerät, um ihn zu füllen. Ansonsten verwenden Sie einfach eine Spritztüte. Natürlich können Sie nach Belieben auch andere Aromazutaten wie Knoblauch, Zwiebeln und Kräuter zufügen, aber ich finde die Art und Weise, wie man frische Würstchen in Apulien zubereitet, sehr reizvoll.

Den Wurstdarm unter fließendem kaltem Wasser waschen und für 2 Stunden in reichlich Wasser legen. Anschließend gut abtropfen lassen.

Fleisch und Speck grob durchdrehen und mit den anderen Zutaten vermischen. Ein Ende des Darms über das Füllrohr ziehen und die Fleischmischung hineindrücken, dabei darauf achten, daß keine Lufteinschlüsse entstehen. Einzelne Würstchen abdrehen. Diese können auf dem Holzkohlengrill gegart, gebraten und sogar gekocht werden. Mit *pepolata,* einer Paprika-Anchovis-Sauce (siehe Seite 163) servieren.

ARROSTO DI MAIALE CON PATATE ALL'AGLIO
Schweinebraten mit Kartoffeln und Knoblauch

FÜR 8 PERSONEN:

Bratenstück vom Schwein mit Schwarte (ca. 3 kg schwer)
150 ml Olivenöl
1,5 kg kleine neue Kartoffeln
10 Knoblauchzehen, nicht abgezogen
4 Rosmarinzweige
Salz und frisch gemahlener schwarzer Pfeffer

Schweinebraten hat einen sehr typischen Geschmack, und wenn man ihn mit Knoblauch und Rosmarin ergänzt, kann man gar nichts falsch machen. Ich nehme am liebsten ein Stück Fleisch mit reichlich Schwarte, damit viel knusprige Kruste entsteht.

Den Backofen auf 200 °C (Gasherd Stufe 3–4) vorheizen.

Die Schwarte mit einem kleinen scharfen Messer einschneiden und das ganze Fleischstück mit etwas Olivenöl sowie Salz und Pfeffer einreiben. In einem großen Bräter mit Alufolie bedeckt 30 Minuten backen, dann Kartoffeln, Knoblauch und Rosmarin zufügen. Den Braten mit dem restlichen Öl beträufeln, salzen, pfeffern und ohne Alufolie weitere 1 ½ Stunden garen, dabei gelegentlich beschöpfen. Das Fleisch mit einem Spieß anstechen. Wenn klarer Saft austritt, ist es gar. 15 Minuten ruhen lassen, dann servieren.

Antonio Carluccio mit Freunden bei einem Schweinebratenessen in den Bergen von Sardinien

SCALOPPINE AL MARSALA SECCO
Kalbsschnitzel mit Marsala

FÜR 4 PERSONEN:

500 g Kalbsschnitzel, in 5 mm dicke Scheiben geschnitten
Mehl zum Wenden
6 EL natives Olivenöl extra oder 50 g Butter
1 Glas guter trockener Marsala
Salz und frisch gemahlener schwarzer Pfeffer

Das Gericht bereitete ich in Calatafimi zu, der sizilianischen Stadt, in der Garibaldis Sieg der Einigung Italiens im Jahre 1860 den Weg ebnete. Also ein passendes Rezept für diesen historischen Ort, da es das im Norden beliebte Kalbfleisch mit Marsala aus Sizilien kombiniert. Das Kalbfleisch könnte jedoch auch durch Hähnchen- oder Putenschnitzel oder selbst Fisch, wie Seeteufel oder Heringskönig, ersetzt werden.

Die Schnitzel im Mehl wenden, überschüssiges Mehl abschütteln. Öl oder Butter in einer großen schweren Pfanne erhitzen. Die Schnitzel portionsweise auf jeder Seite einige Minuten braten. Wenn die Schnitzel gar sind, alle wieder in die Pfanne legen und den Wein sowie etwas Salz und Pfeffer zugeben. Einige Sekunden rühren. Das Fleisch sollte durch die Mischung von Mehl und Wein dünn mit Sauce überzogen werden. Sofort mit *peperoni alla siciliana* (siehe Seite 162) servieren.

UCCELLINI DI CAMPO ALLO SPIEDO
Falsche Vögelchen am Spieß

FÜR 4 PERSONEN:

600 g Kalbsfilet, in 16 dünne Scheiben geschnitten
8 dünne Scheiben Parmaschinken, halbiert
16 frische Salbeiblätter
12 kleine Weißbrotwürfel, jeweils etwa 4 x 4 cm groß
4 EL Olivenöl
Saft von 1 Zitrone
Salz und frisch gemahlener schwarzer Pfeffer

In Italien pflegte man früher Spatzen zu essen, bis Proteste von Vogelliebhabern und die wachsende Sorge um die Natur den Verzehr kleiner Vögel aus der Mode kommen ließen. In einigen wenigen Gegenden lebt die Sitte dennoch fort, vor allem in der Lombardei und in Venetien, wo sie gebraten mit Polenta gegessen werden. In diesem Rezept werden dünne Scheiben Kalbfleisch aufgerollt, so daß sie aussehen wie Spatzen und meiner Meinung nach auch schmackhafter sind.

Die Fleischscheiben zu Rechtecken von etwa 4 x 8 cm Größe schneiden. Nebeneinander auf die Arbeitsfläche legen, salzen und pfeffern. Auf jede eine halbe Scheibe Parmaschinken und ein Salbeiblatt legen und sie fest aufrollen. Die Röllchen abwechselnd mit den Brotwürfeln auf vier Spieße stecken.

Olivenöl und Zitronensaft vermischen und die Spieße 15–20 Minuten langsam grillen, bis die Brotwürfel an den Ecken gebräunt sind und das Fleisch gar ist. Zwischendurch ab und zu mit der Öl-Saft-Mischung bestreichen.

SPALLA DI CAPRETTO FARCITA
Gefüllte Ziegenschulter mit Trüffel

FÜR 4 PERSONEN:

800 g Schulterstück von einem Zicklein, bis auf den kleinen Knochen entbeint
½ TL getrockneter Thymian, zu Pulver zerrieben
½ TL getrockneter Rosmarin, zu Pulver zerrieben
1 Knoblauchzehe, zerdrückt
100 g Pecorino, in dünne Scheiben geschnitten
50 g schwarze Trüffel, fein gehobelt
3 EL natives Olivenöl extra
1 Glas trockener Weißwein
Salz und frisch gemahlener schwarzer Pfeffer

Dieses Gericht war Antonio Colonnas Beitrag, als wir in seinem exzellenten Restaurant für Mitglieder der Accademia Italiana della Cucina in Rom kochten. Es kann auch mit Hähnchenbrust, Fasan und zartem Lamm zubereitet werden. Versuchen Sie für dieses Rezept die schwarze Wintertrüffel (Tuber melanosporum) *zu bekommen, die mehr Aroma hat als die Sommertrüffel.*

Das Fleisch aufklappen und ein wenig flachklopfen. Mit Thymian, Rosmarin, Knoblauch sowie etwas Salz und Pfeffer bestreuen. Pecorino und Trüffel auf dem Fleisch verteilen. Das Fleisch fest in ein Stück Alufolie rollen und die Ränder der Folie zusammendrehen. Die Rolle mit Olivenöl, Wein und einem Glas Wasser in einen Topf geben und zugedeckt 30 Minuten köcheln. Das Fleisch aus dem Topf nehmen und abkühlen lassen, dann mindestens 1 Stunde kalt stellen. Die Garflüssigkeit aufbewahren.

Zum Servieren die Folie entfernen und das Fleisch wieder in den Sud legen. Behutsam, aber gründlich erhitzen, dann in Scheiben geschnitten mit etwas Sud servieren. Das Gericht kann auch kalt gegessen werden.

Nächste Doppelseite (von links): *uccellini di campo allo spiedo* (Seite 106); *salsiccia fresca* (Seite 103) auf *peperoni alla siciliana* (Seite 162)

MACCHERONI AI FERRETTI CON RAGÙ
Handgemachte Makkaroni mit Fleischsauce

FÜR 6 PERSONEN:

6 Scheiben Rinderoberschale à 50 g
2 EL gehackte frische Petersilie
1 Knoblauchzehe, fein gehackt
120 ml Olivenöl
6 Lammkoteletts
350 g Schweineschulter mit Knochen
6 kleine Stücke würzige Kochwurst, vorzugsweise luftgetrocknet (wie *cacciatorino*)
1 große Zwiebel, fein gehackt
2 Gläser Rotwein
2 kg reife Tomaten, abgezogen, entkernt und gehackt oder 1,5 kg *polpa di pomodoro* (siehe Seite 15)
Salz und frisch gemahlener schwarzer Pfeffer
frisch geriebener Parmesan oder Pecorino

Für die Pasta:
800 g Mehl
5 Eier
etwa 175 ml Wasser

Auch wenn heute meist alles rasch gehen muß, kann ich nur empfehlen, sich die Zeit zu nehmen, diese einfache, aber herrliche Pasta herzustellen. Welch eine Freude zuzusehen, wenn Gäste ein einzigartiges Gericht essen, das man mit den eigenen Händen zubereitet hat! Gäste der Trattoria Pezzolla in Accettura in der Basilicata wissen, daß Isabella Pezzolla Romano das beste Ragù für maccheroni ai ferretti *serviert. Variationen dieses Gerichtes werden im gesamten Süden bereitet, gewöhnlich als Sonntagsessen. Doch in jeder Familie verwendet man eine andere Pasta und unterschiedliches Fleisch für das Ragù.*

Die Pasta kann am Vortag hergestellt und im Kühlschrank aufbewahrt werden. Zum Formen der Nudeln braucht man eine 2 mm dicke Stricknadel.

Zur Zubereitung der Pasta das Mehl auf die Arbeitsfläche (am besten eine Marmorplatte) häufen und in die Mitte eine große Mulde machen. Eier und Wasser hineingeben, etwas Wasser zurückbehalten. Eier und Wasser mit einer Gabel vermischen, dann mit den Händen nach und nach das Mehl unterarbeiten, um einen recht festen Teig herzustellen, nötigenfalls noch etwas Wasser zugeben. Es macht nichts, wenn der Teig an den Fingern klebt – einfach etwas Mehl zwischen den Händen reiben. Den Teig etwa 20 Minuten kneten, dabei noch an der Arbeitsfläche haftenden Teig aufnehmen. Der Teig sollte sehr glatt und weder zu fest noch zu weich sein. Abdecken und 20 Minuten ruhen lassen. (Manche Leute bereiten den Teig lieber mit einer Nudelmaschine zu, doch ich glaube, das Ergebnis wird nicht so gut.)

Nun kleine Teigstücke abbrechen und mit der Handfläche zu dünnen Würsten von 5 mm Durchmesser rollen. In 6–8 cm lange Stücke schneiden. Zum Formen der Pasta eine Stricknadel auf ein Stück Teig legen und den Teig mit der Hand um die Nadel aufrollen, so daß eine kleine Röhre entsteht. Fertige Nudeln vorsichtig von der Stricknadel abziehen und auf ein sauberes Küchentuch legen.

Die Fleischscheiben mit Petersilie, Knoblauch sowie etwas Salz und Pfeffer bestreuen, dann aufrollen und mit Zahnstochern zusammenstecken. Das Olivenöl in einem großen Topf erhitzen und das gesamte Fleisch einschließlich der Röllchen (nötigenfalls portionsweise) hineingeben und braten, bis es rundum gebräunt ist. Die Zwiebel zufügen und behutsam weich garen. Den Wein dazugießen und ein wenig einkochen lassen, dann die Tomaten zugeben. Alles zugedeckt ein paar Stunden sanft garen, bis das Fleisch weich ist. Das Schweinefleisch herausnehmen und in Scheiben schneiden.

Die Makkaroni in einem großen Topf mit kochendem Salzwasser (2 TL Salz pro Liter) 6–8 Minuten garen, bis sie *al dente* sind. Gut abtropfen lassen und unter die Sauce ziehen. Zum Servieren die Fleischscheiben auf die Pasta legen. Ich esse das Gericht lieber ohne Käse, aber das muß jeder selbst entscheiden.

FEGATO AL MARSALA
Kalbsleber mit Marsala

FÜR 4 PERSONEN:

400 g Kalbsleber, in dünne Streifen geschnitten
2 EL Mehl
4 EL Olivenöl
6 frische Salbeiblätter, fein gehackt
2 EL feingehackte frische Petersilie
120 ml trockener Marsala
Salz und frisch gemahlener schwarzer Pfeffer

Als südliches Gegenstück zu fegato alla veneziana *verspricht dieses Gericht all die Aromen des Südens. Man serviert es mit Bratkartoffeln und kurz gegartem Spinat.*

Die Leber im Mehl wenden, überschüssiges Mehl abschütteln. Das Öl in einer großen schweren Pfanne erhitzen. Die Leberstreifen darin auf jeder Seite 1–2 Minuten braten. Es ist wichtig, sie nicht zu übergaren. Nötigenfalls portionsweise braten, damit die Pfanne nicht zu voll ist.

Salbei, Petersilie sowie etwas Salz und Pfeffer zufügen. Den Marsala dazugießen. Rühren, damit alle Leberstücke mit Sauce überzogen werden. Von der Kochstelle nehmen und sofort servieren.

Qualitätsprüfung bei einem Marsala, Jahrgang 1939

ZUPPA DI SOFFRITTO
Suppe von Innereien

FÜR 8 BIS 10 PERSONEN:
400 g Schweineleber
400 g Schweineherz
200 g Schweinelunge
200 g Schweinenieren, 1 Stunde gewässert, dann abgetropft
100 g Schweineschmalz oder 120 ml Olivenöl
800 g pürierte Tomaten
2 EL Tomatenmark
reichlich Chilipulver (nach Geschmack)
Salz
Lorbeerblätter zum Servieren
geröstetes Brot zum Servieren

Wer gerne Innereien ißt, sollte diese Suppe probieren. Früher pflegten Metzger in Neapel während des Winters die Grundmischung in Scheiben geschnitten anzubieten, so daß man zu Hause nur noch Wasser zufügen mußte, um die Suppe zu kochen. In den Regionen des Südens gibt es verschiedene Varianten, von denen einige mit Lamm und andere mit Schweinefleisch zubereitet werden. In der Toskana gibt es eine Version mit Huhn, die cibreo *genannt wird. Für das neapolitanische Rezept verwendet man Lunge, Herz, Leber und sogar Nieren von frisch geschlachteten Schweinen. Wenn Sie also Innereien mögen, versuchen Sie dieses Gericht einmal. Am besten schmecken die Innereien in Schweineschmalz gegart, aber auch mit Olivenöl sind sie gut.*

Alle Innereien in kleine Stücke schneiden und im Schmalz oder Olivenöl braten, bis sie gebräunt sind. Pürierte Tomaten, Tomatenmark, Chilipulver und Salz zufügen und die Mischung 1 Stunde garen, bis sie sehr dick und das Fleisch weich ist. In ein Gefäß füllen und abkühlen lassen. Im Kühlschrank hält sich die Suppe bis zu zehn Tage.

Zum Servieren pro Person einige Eßlöffel in einen Topf geben, mit heißem Wasser verdünnen und einige Lorbeerblätter zufügen. Die Suppe erhitzen und auf geröstetem Brot in Suppenschalen servieren.

TRIPPA DI TRASTEVERE
Kutteln nach der Art von Trastevere

FÜR 4 PERSONEN:

1 kg gemischte Kutteln, gewaschen, aber ungebleicht
2 EL gehackte frische Minze
1 kleine Prise gemahlene Nelken
100 g Pecorino, gerieben, sowie Pecorino zum Bestreuen

Für das Ragout:
3 EL Olivenöl
1 kleine Zwiebel, fein gehackt
500 g entbeinte Lammschulter, in Stücke geschnitten
1 kleines Glas trockener Weißwein
800 g Tomaten, abgezogen, entkernt und gewürfelt
Salz und frisch gemahlener schwarzer Pfeffer

Wenn ich in einem guten Restaurant Kutteln auf der Speisekarte finde, bestelle ich sie sofort, denn wie pasta e fagioli *gehören sie zu den Gerichten, an denen man das Können des Kochs messen kann. Dies ist ein sehr einfaches und wirklich schmackhaftes Gericht, sofern man die richtigen Kutteln bekommt – sie dürfen weder gebleicht noch vorgegart sein, damit sie noch viel Geschmack haben. Früher waren Kutteln und andere Innereien eine Speise der Armen, da sie weniger als anderes Fleisch kosteten. Heute gelten Innereien als Delikatesse. In Trastevere, am rechten Tiber-Ufer in Rom, lassen sich sogar Leute dieses Gericht munden, die sonst Kutteln nicht mögen. Die beste römische Trattoria für solche Spezialitäten ist Da Checco il Carretiere.*

Zunächst das Ragout zubereiten. Das Öl in einem Topf erhitzen und die Zwiebel darin braten, bis sie weich ist. Das Lammfleisch zufügen und bräunen, dann den Wein dazugießen und einkochen lassen. Die Tomaten hineinrühren und alles etwa 1 Stunde köcheln, bis das Fleisch sehr weich ist. Nach Geschmack salzen und pfeffern.

Die Kutteln in leicht gesalzenem Wasser mindestens 1 Stunde kochen, bis sie fast weich sind, dann abtropfen lassen.

Den Backofen auf 200 °C (Gasherd Stufe 3–4) vorheizen.

Die Kutteln mit Ragout, Minze, Nelken, Käse sowie etwas Salz und Pfeffer vermischen und in eine ofenfeste Form füllen. Mit Käse bestreuen und für 30–40 Minuten in den Backofen schieben, bis der Käse eine Kruste gebildet hat.

POLLO DI GRAZIELLA
Graziellas Huhn

FÜR 6 PERSONEN:

1 Freilandhuhn (2 kg schwer), zerlegt (einschließlich Innereien)
3 Knoblauchzehen, gehackt
2 EL gehackte frische Petersilie
5 Lorbeerblätter
2 Stengel Rosmarin
2 Gläser trockener Weißwein
1 Glas natives Olivenöl extra
1 kg Kartoffeln, geschält und geviertelt
3 EL frisch geriebener Parmesan oder Pecorino
Salz und frisch gemahlener schwarzer Pfeffer

Graziella ist eine der wenigen autodidaktischen Köchinnen in Italien, die Chefin in der Küche eines Fünf-Sterne-Restaurants geworden sind. Sie hat ihr Handwerk in der Küche ihrer Mutter erlernt, in der sich vermutlich zahllose Rezepte früherer Generationen fanden. Im Masseria San Domenico, einem Fünf-Sterne-Hotel in Savelletri, bereitet Graziella authentische Gerichte aus Apulien mit exzellenten Gemüsen der Gegend zu. Statt regionaler Spezialitäten bekommt man in Hotels ja oft nur das langweilige internationale Essen serviert … Dieses Gericht gart man am besten in einem Tontopf im Holzofen zwischen glühenden Kohlen. Aber es schmeckt auch in einem konventionellen Backofen langsam gegart ausgezeichnet.

Die Zubereitung dieses Gerichtes ist ganz einfach: Alle Zutaten in einem Tontopf zugedeckt 1 Stunde durchziehen lassen. Dann den Topf in den kalten Backofen schieben, auf 190 °C (Gasherd Stufe 3) schalten und mindestens 1½ Stunden garen, bis alle Zutaten zart und köstlich sind.

NGOZZAMODDI O AZMOT
Jüdische Hühnerfleischküchlein

FÜR 4 PERSONEN:

600 g Hähnchenbrustfilet, ohne Haut
2 Eier, verquirlt
4 EL frische Brotkrumen
1 Prise Zimt
6 EL Olivenöl
2 Stangen Sellerie, in kleine Würfel geschnitten
1 Knoblauchzehe, fein gehackt
600 g *polpa di pomodoro* (siehe Seite 15)
etwas Brühe oder Wasser (falls notwendig)
Salz und frisch gemahlener schwarzer Pfeffer

Viele römische Gerichte entstammen der jüdischen Gemeinde Roms. Obwohl strenggläubige Juden mindestens 55 Speisegebote beachten müssen, fühlte ich mich bei den beiden Gerichten, die ich von Donatella Limentani Pavoncello übernahm, in keiner Weise eingeschränkt. Donatella – eine damenhafte Römerin und gewissenhafte Anhängerin ihrer Religion – ist eine wunderbare Köchin und Kochbuchautorin. Dieses Rezept wurde, ebenso wie jenes für torzelli *(siehe Seite 152), seit 400 Jahren in ihrer Familie überliefert. Beide beeindrucken mich vor allem durch ihre Schlichtheit. Donatella fügt der Sauce immer noch einige Brust- bzw. Gabelbeine zu, die Glück bringen sollen.*

Die Hähnchenbrust grob hacken. In einer Schüssel mit Eiern, Brotkrumen, Zimt sowie etwas Salz und Pfeffer vermischen. Aus der Mischung mit den Händen zwölf Bällchen formen.

Das Öl in einer großen Pfanne erhitzen und die Küchlein darin auf jeder Seite 2–3 Minuten braten, bis sie braun sind. Aus der Pfanne nehmen und beiseite stellen. Sellerie, Knoblauch und Tomaten in derselben Pfanne zum Kochen bringen und 5 Minuten köcheln lassen. Die Küchlein wieder in die Pfanne legen und alles weitere 10 Minuten garen. Falls die Sauce zu dick wird, etwas Brühe oder Wasser zufügen. Mit Brot servieren.

CONIGLIO ALLA ISCHITANA
Kaninchen nach Ischia-Art

FÜR 4 PERSONEN:
6 EL natives Olivenöl extra
1 Kaninchen (1 kg schwer), zerlegt
4 Knoblauchzehen, gehackt
200 ml trockener Weißwein (vorzugsweise Ischia bianco)
300 g *polpa di pomodoro* (siehe Seite 15)
6 Basilikumblätter, gehackt
Leber des Kaninchens, fein gehackt
Salz und frisch gemahlener schwarzer Pfeffer

Kaninchen wird, ebenso wie Huhn, Pute usw., gewöhnlich dem weißen Fleisch zugerechnet, weil sein Fleisch, anders als das seines wilden Verwandten, des Hasen, sehr hell und zart ist. Da es beim Braten oder Grillen leicht trocken wird, gart man es in Süditalien fast immer in einer Sauce, entweder auf dem Herd oder im Backofen. Dieses Gericht ist auf Ischia sehr beliebt, wo es in vielen Restaurants auf der Speisekarte steht.

Das Öl in einem großen Topf erhitzen. Die Kaninchenteile hineinlegen und rundum anbraten. Wenn sie halb gebräunt sind, den Knoblauch und die Hälfte des Weins zugeben. Sobald der Wein eingekocht ist, den Rest zufügen und alles 10 Minuten köcheln lassen. Die Tomaten hineinrühren und den Topfinhalt noch einmal etwa 20 Minuten garen, bis er dick wird und eine gute Sauce entsteht. Basilikumblätter, Kaninchenleber sowie etwas Salz und Pfeffer nach Geschmack zufügen und alles weitere 10 Minuten garen, bis das Fleisch weich ist, nötigenfalls noch ein wenig Wasser zugießen.

Nächste Doppelseite (von links, im Uhrzeigersinn): *torzelli* (Seite 152); *ngozzamoddi o azmot* (Seite 116); *braciole d'abbacchio con carciofi* (Seite 100)

PICCIONI AL SUGO CON FUNGHI
Geschmorte Täubchen mit Tomaten und Pilzen

FÜR 4 PERSONEN:

4 Tauben, küchenfertig vorbereitet, mit Innereien
6 EL frische Brotkrumen
2 Eier, verquirlt
2 EL feingehackte frische Petersilie
6 EL natives Olivenöl extra
500 g *polpa di pomodoro* (siehe Seite 15)
50 g Tomatenmark
20 g getrocknete Steinpilze, 30 Minuten in warmem Wasser eingeweicht, dann abgetropft und gehackt
Salz und frisch gemahlener schwarzer Pfeffer

Dieses beliebte Rezept kommt aus der Basilicata, wo man während der Jagdsaison die Täubchen manchmal durch Fasan oder anderes Wildgeflügel ersetzt. Es schmeckt, vor allem mit Ringeltauben zubereitet, ausgezeichnet.

Die Innereien fein hacken, dann mit Brotkrumen, Eiern, Petersilie sowie etwas Salz und Pfeffer vermischen. Die Täubchen mit dieser Mischung füllen.

Das Öl in einem großen, tiefen Topf erhitzen. Die Täubchen rundum darin anbraten. Tomatenstückchen, Tomatenmark und Steinpilze zufügen. Salzen, dann die Zutaten zugedeckt bei schwacher Hitze etwa 1 ¼ Stunden garen, bis die Täubchen weich sind. Gegen Ende der Garzeit den Deckel abnehmen. In der Basilicata hebt man die Sauce unter Pasta und serviert die Täubchen getrennt.

PERNICE ALLA SARDA
Rebhuhn nach sardischer Art

FÜR 4 PERSONEN:

8 Rebhühner, küchenfertig vorbereitet
120 ml natives Olivenöl extra
4 EL Weißweinessig
3 EL feingehackte frische Petersilie
1 EL in Salz konservierte Kapern, 10 Minuten gewässert, dann abgetropft und fein gehackt
Salz

Auf Sardinien hat die Jagd eine lange Tradition, und dieses sardische Rezept für einen edlen Vogel wird viele Wildliebhaber überraschen. Auf die gleiche Weise kann man auch Huhn, andere kleine Vögel und sogar Aal zubereiten.

Die Rebhühner in einem großen Topf mit leicht gesalzenem Wasser 20 Minuten köcheln, dann abtropfen lassen und in jeweils vier Teile zerlegen. Öl, Essig, Petersilie, Kapern und etwas Salz vermischen. Die Rebhühner mit der Mischung übergießen und 24 Stunden durchziehen lassen. Kalt servieren.

SECOND
Hauptgerichte

I–PESCE

Fisch

Die süditalienischen Küstenregionen sind mit einem beneidenswerten Fischreichtum gesegnet. An allen Küsten der italienischen Stiefelspitze, wie auch auf Sizilien und den kleinen Inseln, wird schon seit jeher Fischfang betrieben, und Fisch galt immer als wichtiges Nahrungsmittel. Sardinien war jedoch lange aus diesem »Club der Fischliebhaber« ausgeschlossen. Da die herrliche Insel unter dem ständigen Einfall fremder Völker litt, war das Leben im Landesinneren sicherer als an der Küste, und die Sarden entwickelten eine Küche, in der fast ausschließlich Schafe, Kaninchen, Ziegen und Schweine sowie allen Arten von Geflügel und Wild, das es auf der Insel reichlich gab, verwendet wurden. Aber mit der touristischen Erschließung verschwindet diese Küche langsam, und die Insel beginnt, nun auch ihre Küste zu nutzen.

Fisch wird überall im Süden wieder anders zubereitet, je nachdem, welche Zutaten vor Ort erhältlich sind. Für Anchovis etwa gibt es in Neapel, Salerno, Apulien und Sizilien unterschiedliche Zubereitungsmethoden. Die besten Anchovis kommen aus Sizilien. Sie haben mindestens ein Jahr in Salz gelegen und werden erst direkt vor dem Verzehr filetiert. Das Fleisch ist rosa und hat einen wundervollen Geschmack und Geruch. Ich esse in Salz konservierte Anchovis am liebsten auf einem Stück gebuttertem Brot, frische schmecken kurz im Backofen gegart am besten. Auch Sardinen erfreuen sich im Süden großer Beliebtheit. Ich mag sie vor allem in Öl gebraten und dann mit Minze und Knoblauch in Essig und Öl mariniert als *antipasto* serviert (siehe *sarde alla scapece,* Seite 130).

Vor Sizilien und Kalabrien werden große Fische wie Thunfisch, Schwertfisch und selbst Hai gefangen. Aus ihnen schneidet man Steaks, die man wie Fleisch grillt, brät, schmort oder im Ofen gart. Seit einiger Zeit ist es in Mode gekommen,

Letzte Doppelseite: verschiedene frische Fische

diese Fischarten zur Zubereitung von *carpaccio* zu verwenden, indem man ihr sehr frisches Fleisch roh in dünne Scheiben schneidet und Öl und Zitrone oder Essig darüberträufelt.

Die ganze Palette der Meeresfrüchte bildet, zusammen mit Fischen wie Sardinen, Drachenkopf, Tintenfisch und Seeteufel, die Grundlage für *brodetto,* einen rasch gegarten Eintopf, der sich wunderbar als Hauptgericht eignet.

Schließlich ist *baccalà*, Klippfisch, ein wichtiger Bestandteil des Speisezettels, auch wenn das in einem Land, in dem es so viel frischen Fisch gibt, vielleicht überraschend erscheinen mag. Früher einmal war dies der preiswerteste Fisch, doch heute ist er fast zu einer Delikatesse geworden. Auf den Fischmärkten von Neapel oder Palermo wird bereits entsalzene, weiche *baccalà* zum Verkauf angeboten. Die Menschen des Südens lieben diesen Fisch, der ungemein schmackhaft und vielseitig ist. Sie backen ihn in Teig aus, schmoren ihn mit Tomaten oder kochen ihn und servieren ihn dann mit gutem Olivenöl, Zitrone, Knoblauch und Petersilie angemacht – eine wahre Köstlichkeit!

Als Hauptgericht wird gegrillter Fisch meist mit Salat und gedämpfter Fisch gewöhnlich mit zartem Gemüse serviert. Da im Süden die Religion noch eine wichtige Rolle spielt, kommt am Freitag stets Fisch auf den Tisch. Durch die große Nachfrage ist frischer Fisch recht teuer geworden, doch Fisch einzufrieren oder bereits gefrorenen Fisch zu kaufen, wie es heute üblich ist, würde ich nicht empfehlen, da sich der Geschmack des Fisches stets vollkommen verändert, von dem Verlust der Struktur gar nicht zu reden. Zu meiner Freude habe ich festgestellt, daß tiefgekühlter Fisch, obwohl viel preiswerter, bisher kaum Eingang in süditalienische Küchen gefunden hat.

BRANZINO ALLA BRACE
Seebarsch vom Holzkohlengrill

FÜR 4 PERSONEN:

4 Seebarsche (jeweils 450 g schwer), küchenfertig vorbereitet, aber nicht geschuppt
natives Olivenöl extra zum Grillen
frisch gemahlener schwarzer Pfeffer (nach Belieben)

***Für die Marinade*:**

300 ml Wasser
50 g Meersalz
Saft von 1 Zitrone
2 EL Weißweinessig
2 EL sehr fein gehackter frischer Schnittlauch

In Sardinien wird dieses Rezept mit verschiedenen Arten von Schuppenfischen zubereitet. Marinade und Schuppen tragen dazu bei, daß das Fleisch während des Grillens saftig und aromareich bleibt. Früher verwendete man für die Marinade Meerwasser, aber da es heute sehr schwierig ist, wirklich sauberes Meerwasser zu finden, ist Leitungswasser, in dem etwas Meersalz aufgelöst wurde, empfehlenswerter.

Für die Marinade Wasser und Salz in einen Topf geben und kochen, bis sich das Salz aufgelöst hat. Abkühlen lassen, dann Zitronensaft, Essig und Schnittlauch zugeben.

Die Fische in eine Schüssel legen, mit der Marinade übergießen und 1 Stunde durchziehen lassen. Dann auf dem Holzkohlengrill auf jeder Seite 10–12 Minuten braten, zwischendurch ab und zu mit Marinade beschöpfen. Die Fische häuten und entgräten. Mit Olivenöl beträufelt und, falls gewünscht, mit etwas schwarzem Pfeffer bestreut servieren. Ein wirklich delikates Fischgericht!

ZUPPA DI PESCE DI GALLIPOLI
Fischsuppe nach der Art von Gallipoli

FÜR 4 PERSONEN:

2 kg gemischte Fische und Meeresfrüchte wie Zackenbarsch, Brasse, Drachenkopf, Tintenfisch oder Kalmar, Riesengarnelen, Miesmuscheln, Rote Meerbarbe usw.

120 ml natives Olivenöl extra

1 Zwiebel, in dünne Scheiben geschnitten

600 g reife Tomaten, entkernt und in Streifen geschnitten

2 EL Weißweinessig (nach Belieben)

Salz und frisch gemahlener schwarzer Pfeffer

geröstete Brotscheiben zum Servieren

Man könnte sagen, »jeder Hafen eine andere Fischsuppe«, da es von dieser Suppe in Italien ebenso viele Versionen gibt wie Häfen oder Küstenstädte. Hier geht es darum, all die herrlichen Aromen der Fische und Meeresfrüchte des Mittelmeers in einem Topf zu vereinen. Diese haben, vor allem in der Gegend von Gallipoli, Tarent und Brindisi, so viel Aroma, daß es nicht notwendig ist, vorher einen Fischfond zu bereiten – sie werden einfach ganz in den Topf gegeben. Es ist zwar etwas mühsam, mit den vielen Gräten zurechtzukommen, aber es lohnt, sich die Zeit zu nehmen, um diese herrliche Fischsuppe zur Gänze zu genießen.

Die Fische säubern und schuppen, aber ganz lassen. Tintenfisch und/oder Kalmar vorbereiten, also Innereien und Tintenblase entfernen, den Tintenfisch in Ringe schneiden. Die Miesmuscheln sorgfältig unter fließendem kaltem Wasser bürsten und entbarten. Alle geöffneten Muscheln, die sich nicht schließen, wenn sie auf die Arbeitsfläche geklopft werden, wegwerfen.

Das Öl in einem großen Topf erhitzen und die Zwiebel darin braten, bis sie weich ist. Dann die Tomaten sowie eine Prise Salz und Pfeffer zufügen und 10 Minuten köcheln lassen. Fische und Meeresfrüchte in den Topf geben, die mit längerer Garzeit zuerst. Zum Kochen bringen. Die Hitze reduzieren und den Topfinhalt zugedeckt 20–30 Minuten leise köcheln lassen, bis alle Zutaten gar sind, dabei nicht rühren. Abschmecken, nach Wunsch den Essig zufügen und die Suppe mit geröstetem Brot servieren.

POLIPO AFFOGATO
Ertrunkener Krake

FÜR 4 BIS 5 PERSONEN:

1 Krake (Oktopus), ca. 1,25 kg schwer
150 ml Olivenöl
1 große Knoblauchzehe, grob gehackt
1/4 mittelgroße Chilischote, fein gehackt
150 ml trockener Weißwein
250 g reife Tomaten, in kleine Stücke geschnitten
2 EL grobgehackte frische Petersilie
Salz und frisch gemahlener schwarzer Pfeffer

Dieses Rezept verwendet man im Süden gern zur Zubereitung von Kraken, die durch die sanfte Hitze und lange Garzeit sehr weich werden. Manchmal fügt man überhaupt keine Flüssigkeit zu und gart den Kraken einfach im eigenen Saft. Am besten nimmt man einen kleinen Kraken und gart ihn mit aufgelegtem Deckel in einem Tontopf. Fischer trinken die entstehende Flüssigkeit als Arznei. Aber sie schmeckt auch wundervoll, wenn man sie mit Brot auftunkt.

Den Kraken ausnehmen, dabei aber ganz lassen – nichts abschneiden. Das Olivenöl behutsam in einem Topf erhitzen, in dem der Krake gerade Platz hat. Knoblauch und Chilischote zufügen und kurz braten, aber nicht braun werden lassen. Den Kraken am Kopf nehmen und einige Male in den Topf halten, damit er sich zusammenrollt. Dann hineinlegen, die Temperatur erhöhen und den Kraken 3–5 Minuten garen. Den Wein zufügen und auf die Hälfte einkochen lassen. Tomaten und Petersilie sowie Salz und Pfeffer nach Geschmack unterrühren. Den Deckel auflegen und den Kraken auf kleinster Stufe 1¼ Stunden garen, bis er weich ist, zwischendurch ab und zu umdrehen.

Ein typisches Angebot frischer Fische
und Meeresfrüchte in Palermo
(im Uhrzeigersinn): Meeräschen, Garnelen, Kalmare, junge Kraken, kleine Aale

SARDE ALLA SCAPECE
Gebratene und marinierte Sardinen

FÜR 4 PERSONEN:
1 kg frische Sardinen
Mehl zum Wenden
100 ml Olivenöl sowie Olivenöl zum Braten
1 Knoblauchzehe, in dünne Scheiben geschnitten
6 EL Weißweinessig
120 ml trockener Weißwein
3 EL feingehackte frische Minze
Salz und frisch gemahlener schwarzer Pfeffer

Die Methode, gebratene Sardinen zu marinieren und kalt zu servieren, ist im ganzen Süden beliebt. Man kann dazu viele verschiedene Fische wie etwa Anchovis, Makrelen und Sardinen verwenden. Sie eignen sich ideal als sommerliches antipasto *oder als Hauptgericht.*

Die Sardinen im Mehl wenden, überschüssiges Mehl abschütteln. Die Fische in reichlich heißem Olivenöl braten, bis sie braun und knusprig sind. In eine flache Schüssel heben.

In einem Topf 100 ml Olivenöl erhitzen und den Knoblauch ganz kurz braten. Essig, Wein und Minze zufügen und den Topf von der Kochstelle nehmen. Die Marinade noch heiß über die Fische gießen. Salzen und pfeffern. Die Sardinen vor dem Servieren einige Stunden durchziehen lassen.

SOGLIOLE GRATINATE
Gebackene Seezunge mit Parmesan

FÜR 4 PERSONEN:

4 Seezungen (jeweils 300 g schwer), küchenfertig vorbereitet, die Haut entfernt, die Flossen gestutzt

8 EL Semmelbrösel

1 Knoblauchzehe, sehr fein gehackt

4 EL feingehackte frische Petersilie

6 EL geriebener Pecorino

6 EL Olivenöl

Salz und frisch gemahlener schwarzer Pfeffer

Im Backofen gegarte Gerichte sind praktisch für diejenigen, die nicht gern am heißen Herd stehen. Bei diesem Rezept braucht man nichts weiter zu tun, als die Fische vorzubereiten. Wie so oft bei einfachen Gerichten, die aus guten Zutaten bestehen, ist das Ergebnis verblüffend. Die Kombination mit Kräutern und Käse macht den Fisch sehr interessant.

Den Backofen auf 220 °C (Gasherd Stufe 4–5) vorheizen.

Mit einem sehr scharfen Messer alle Fische die Mittellinie entlang bis auf die Hauptgräte einschneiden. Die Fische salzen, pfeffern und auf ein Backblech legen. Semmelbrösel mit Knoblauch und Petersilie mischen und mit einem Spatel zu beiden Seiten der Einschnitte verteilen. Den Käse in die Mitte streuen, dann die Fische mit Olivenöl beträufeln. Für 15 Minuten in den Backofen schieben, bis sie gar sind.

Nächste Doppelseite (von links): *sarde alla scapece* (Seite 130); *sogliole gratinate*

BACCALÀ ALLA NAPOLETANA
Klippfisch auf neapolitanische Art

FÜR 4 PERSONEN:

8 *baccalà*-Filets (jeweils 120 g schwer)
Mehl zum Wenden
Olivenöl zum Braten
1 Knoblauchzehe, fein gehackt
500 g *polpa di pomodoro* (siehe Seite 15) oder 600 g frische Tomaten, in kleine Stücke geschnitten
1 EL in Salz konservierte Kapern, 10 Minuten gewässert, dann abgetropft
2 EL schwarze Oliven, entsteint
1 EL Rosinen
1 EL Pinienkerne
frisch gemahlener schwarzer Pfeffer

Ungeachtet des großartigen frischen Fisches, den es im Golf von Neapel gibt, lieben viele Neapolitaner konservierten Fisch. Baccalà, oder Klippfisch, war früher einmal ein sehr preiswertes Nahrungsmittel. Heute ist er nicht mehr besonders billig, und man ißt ihn mehr um der Nostalgie willen und seines ungemein typischen Geschmacks wegen. In Neapel bekommt man bereits entsalzene baccalà *zum sofortigen Gebrauch, was die lange Wässerung erspart.*

Den Klippfisch für mindestens 24 Stunden in kaltes Wasser legen, bis er weich ist, zwischendurch das Wasser mehrmals wechseln.

Den Fisch abtropfen lassen und trockentupfen. Im Mehl wenden, überschüssiges Mehl abschütteln. Etwas Olivenöl in einer Pfanne erhitzen und die Fischstücke auf jeder Seite 4–5 Minuten braten, bis sie goldbraun sind. Aus der Pfanne nehmen und beiseite stellen. Den Knoblauch in derselben Pfanne 1 Minute behutsam braten, dann Tomaten, Kapern, Oliven, Rosinen, Pinienkerne sowie etwas Pfeffer zufügen. Zum Köcheln bringen, dann die Fischfilets wieder in die Pfanne legen. Die Hitze reduzieren und die Zutaten ohne Deckel 15 Minuten sanft garen.

TONNO CON PISELLI
Thunfisch mit Erbsen

FÜR 4 PERSONEN:

4 Thunfischkoteletts, jeweils 200 g schwer
6 EL Olivenöl
2 Knoblauchzehen, fein gehackt
2 EL glattblättrige Petersilie, grob gehackt
Salz und frisch gemahlener schwarzer Pfeffer nach Geschmack
300 g enthülste frische Gartenerbsen
500 g Tomatenstückchen, frisch oder aus der Dose

Für dieses einfache Rezept wird frischer Thunfisch verwendet, den es während der Saison an allen Küsten des Südens in Hülle und Fülle gibt. Er hat eine sehr kurze Garzeit, und die besten Ergebnisse erzielt man wie üblich, wenn man ganz frische, zarte Gartenerbsen verwendet. Dosen- oder Tiefkühlerbsen mindern unweigerlich das Aroma.

Das Öl in einem großen Topf erhitzen. Knoblauch und Petersilie und dann sofort die Thunfischsteaks zufügen. Kurz braten und umdrehen. Zu diesem Zeitpunkt sollte der Knoblauch braun werden. Salz, Pfeffer sowie die Tomaten zufügen und 5 Minuten garen. Die Thunfischsteaks aus der Sauce nehmen und beiseite stellen. Die Erbsen in die Tomatensauce geben und sanft garen, bis sie weich sind. Die Steaks wieder in die Pfanne legen und erhitzen, dann servieren.

RAGÙ DI TONNO
Thunfisch in Tomatensauce

FÜR 6 PERSONEN:
ein schönes Stück frischer Thunfisch, ca. 1,25 kg schwer
3 Knoblauchzehen, in dünne Scheiben geschnitten
einige Stengel Minze
6 EL Olivenöl
1 Zwiebel, in dünne Scheiben geschnitten
2 Anchovisfilets, gehackt
1 EL in Salz konservierte Kapern, 10 Minuten gewässert, dann abgetropft
1 kg *polpa di pomodoro* (siehe Seite 15)
Salz und frisch gemahlener schwarzer Pfeffer

Dieses Rezept stammt aus Sizilien, wo Thunfisch auf vielerlei Weise zubereitet wird. Falls gewünscht, kann man die Sauce mit Pasta servieren und den Thunfisch anschließend als Hauptgang essen. Er schmeckt auch kalt und läßt sich dann sogar leichter aufschneiden.

Mit einem kleinen, scharfen Messer den Thunfisch mehrmals einschneiden. Knoblauch und Minze in die Einschnitte drücken. Den Fisch mit Küchengarn umwickeln, damit er die Form behält.

Das Olivenöl in einem großen Topf erhitzen und den Fisch bei starker Hitze kurz anbraten. Die Temperatur reduzieren. Die Zwiebel zufügen und weich braten, dann Anchovisfilets und Kapern zugeben. Tomatenstückchen hineinrühren und alles 20–30 Minuten sanft garen, bis eine Sauce entstanden und der Fisch gar ist. Nach Geschmack salzen und pfeffern. Den Fisch herausnehmen und nach Entfernen der Schnur in Scheiben schneiden. Mit der Sauce servieren.

PESCE SPADA AGGHIOTTA
Schwertfisch mit Tomatensauce

FÜR 4 PERSONEN:

120 ml natives Olivenöl extra
1 kleine Zwiebel, fein gehackt
1 EL in Salz konservierte Kapern, 10 Minuten gewässert, dann abgetropft
2 EL grüne Oliven, entsteint und gehackt
4 Scheiben Schwertfisch, jeweils 165 g schwer
1 EL gehackte frische Petersilie
1 EL gehacktes frisches Basilikum
1 kleines Glas trockener Weißwein
600 g Tomaten, in kleine Stücke geschnitten
Salz und frisch gemahlener schwarzer Pfeffer

In dem entzückenden Dorf Scilla an der Straße von Messina verdienen die Fischer ihren Unterhalt mit dem Fang von Schwertfischen, die, wie sie sagen, zur Paarungszeit aus dem gesamten Mittelmeerraum in die malerische Bucht kommen. Oft werden die unglücklichen »Verliebten« paarweise gefangen und wandern gemeinsam in die Töpfe und Pfannen der örtlichen Restaurants. Ein tragisches Ende, das andererseits viele Gaumen erfreut.

Das Öl in einer großen Pfanne erhitzen und die Zwiebel kurz braten, bis sie weich ist. Kapern und Oliven zufügen und einige Minuten unter Rühren garen. Den Schwertfisch zugeben und auf jeder Seite einige Minuten braten, bis er gebräunt ist. Petersilie, Basilikum sowie etwas Salz und Pfeffer nach Geschmack unterrühren, dann den Wein zufügen und einkochen. Wenn er fast verdampft ist, die Tomaten zugeben. Die Hitze reduzieren und alles noch einmal 10 Minuten garen, bis die Sauce dick geworden ist. Abschmecken und servieren.

INVOLTINI DI PESCE SPADA
Schwertfisch-Rouladen

FÜR 4 PERSONEN:
75 g altbackenes Brot
6 EL Olivenöl
25 g Parmesan, in kleine Würfel geschnitten
50 g Provola, in kleine Würfel geschnitten
1 EL in Salz konservierte Kapern, 10 Minuten gewässert, dann abgetropft und fein gehackt
2 EL gehackte frische Petersilie
8 Scheiben Schwertfisch (vorzugsweise aus der Mitte geschnitten), etwa 5 mm dick
15 g Butter, in 8 schmale, lange Stücke geschnitten
Saft von 1 Zitrone
Salz und frisch gemahlener schwarzer Pfeffer

Es ist nicht bekannt, wer dieses Rezept erfunden hat, doch erhebt man in Sizilien und Kalabrien gleichermaßen Anspruch darauf. Für uns spielt das keine Rolle – wir lassen uns dieses Gericht einfach schmecken.

Zur Herstellung der Füllung das Brot in eine Schüssel krümeln. 1 EL Öl und 1 EL Wasser zufügen und mit den Händen in die Brotkrumen arbeiten. Dann beide Käse, Kapern, die Hälfte der Petersilie sowie etwas Salz und Pfeffer zufügen und eine weiche, formbare Mischung herstellen.

Die Schwertfischscheiben auf die Arbeitsfläche legen und auf jede etwas zu einer Wurst geformte Füllung geben. Ein Stück Butter darauflegen und die Fischscheiben aufrollen. Mit Zahnstochern zusammenstecken.

Das restliche Öl in einer großen Pfanne erhitzen und die Rouladen auf jeder Seite 2 Minuten braten. Zitronensaft und restliche Petersilie darübergeben und die Rouladen mit etwas Garflüssigkeit begossen servieren.

TONNO AL FORNO CON SALMORIGLIO

Thunfisch mit Kräutern

FÜR 4 PERSONEN:

4 frische Thunfischsteaks, jeweils 200 g schwer
2 EL Semmelbrösel
2 EL Pinienkerne

***Für den Salmoriglio*:**

4 Knoblauchzehen, gehackt
3 EL sehr fein gehackte frische Minze
3 EL sehr fein gehackte frische Petersilie
2 EL in Salz konservierte Kapern, 10 Minuten gewässert, dann abgetropft
Saft und abgeriebene Schale von 2 unbehandelten Zitronen
1 TL getrockneter Oregano
natives Olivenöl extra
Salz und frisch gemahlener schwarzer Pfeffer

Es ist ein Vergnügen, in der Vucceria, der Marktstraße Palermos, einzukaufen. Der dort angebotene Fisch sieht so frisch und appetitlich aus, daß man unmöglich widerstehen kann. Frischer Thunfisch ist heute überall erhältlich und ersetzt oft Fleisch, da er praktisch keinen Fischgeschmack hat. Bei diesem Rezept könnte man anstelle von Thunfisch auch jeden anderen großen Fisch verwenden, der sich in dicke Scheiben schneiden läßt. Thunfisch eignet sich jedoch perfekt, und die adligen Gäste, für die ich ihn in Palermo zubereitete, waren von meiner Interpretation der sizilianischen Küche völlig begeistert. Der salmoriglio, *eine Kräutermischung, die gewöhnlich zu gedämpftem oder gegrilltem Fisch gegeben wird, wurde in diesem Fall mit dem Fisch gegart.*

Den Backofen auf 220 °C (Gasherd Stufe 4–5) vorheizen.

Für den *Salmoriglio* den gehackten Knoblauch im Mörser zu einer feinen Paste zerreiben. Minze, Petersilie, Kapern, Saft und Schale der Zitrone, Oregano und so viel Olivenöl zufügen, daß eine beinahe flüssige Mischung entsteht. Zu einer dicken Sauce verreiben, dann salzen und pfeffern. Die Thunfischsteaks salzen, pfeffern, auf ein geöltes Backblech legen und mit *salmoriglio* bestreichen. Mit Semmelbröseln und Pinienkernen bestreuen, dann für 6–7 Minuten in den Backofen schieben, bis der Thunfisch gerade durch ist.

Nächste Doppelseite (von links):
tonno al forno con salmoriglio;
involtini di pesce spada (Seite 138)

ANGUILLA ALLA ROMANA
Aal nach römischer Art

FÜR 4 PERSONEN:
800 g Aal, ausgenommen und in ca. 8 cm große Stücke geschnitten
Mehl zum Wenden
6 EL natives Olivenöl extra
2 Knoblauchzehen, sehr fein gehackt
½ Chilischote, sehr fein gehackt
2 EL in Salz konservierte Kapern, 10 Minuten gewässert, dann abgetropft
4 Anchovisfilets, gehackt
1 Glas trockener Weißwein
2 EL Minzblätter

Die Römer lieben Aal, vor allem an Weihnachten. Dann bereiten sie den capitone *zu, einen großen Aal, der gegrillt und anschließend mariniert wird. Das folgende Rezept enthält Minze, die in der römischen Küche häufig Verwendung findet.*

Die Aalstücke im Mehl wenden, überschüssiges Mehl abschütteln. Den Aal im Olivenöl auf jeder Seite 4 Minuten braten, bis er weich ist. Aus der Pfanne nehmen und beiseite stellen.

Knoblauch, Chilischote und Anchovis in die Pfanne geben. Sobald der Knoblauch braun wird, den Wein zufügen und bei starker Hitze etwas einkochen lassen. Den Aal zusammen mit der Minze wieder in den Topf geben und die Hitze reduzieren. Den Aal weitere 2 Minuten garen, dann sofort servieren.

ARAGOSTA AL FORNO
Im Backofen gegarter Hummer

FÜR 4 PERSONEN:

4 Hummer, jeweils 500 g schwer
1 großer Topf kochendes Wasser
1 glühender Schürhaken
6 EL natives Olivenöl extra
4 EL Petersilie, sehr fein gehackt
Saft von 1 Zitrone
Salz und frisch gemahlener schwarzer Pfeffer nach Geschmack

Wo es relativ viele Hummer gibt und man dieses Krustentier so einfach und schlicht genießen will wie sardische Fischer, sucht man nicht nach komplizierten Zubereitungsmethoden für den König der Krustentiere. Dort werden die Hummer lebend halbiert, was hierzulande jedoch verboten ist (Vivisektion!).

Die lebenden Hummer nacheinander kopfüber in das kochende Wasser stürzen, dabei jeweils einen heißen Schürhaken mit in das Wasser halten, damit es nicht aufhört zu kochen und die Tiere sofort getötet werden. Nach ca. 5 Minuten herausnehmen und die Hummer halbieren. Die anderen Zutaten vermischen und auf dem Hummerfleisch verteilen. Die Hummer im auf 200 °C (Gasherd Stufe 3–4) vorgeheizten Backofen 15–20 Minuten garen. Falls gewünscht, mit Zitrone servieren. So einfach ist das!

VEGETALI
Gemüse

E CONTORNI
und Beilagen

Gemüse spielen in der mediterranen Küche eine ganz wichtige Rolle, vor allem im Süden Italiens, wo man sie roh, im Backofen gegart, gegrillt, gebraten oder konserviert ißt. Sie können als *antipasto*, Vorgericht, Beilage zu Fleisch oder Fisch und sogar als Hauptgericht serviert werden. Selbst Gemüse-Desserts sind nicht unbekannt wie etwa *melanzane e cioccolato* (Schokoladen-Auberginen), eine köstliche Süßspeise aus der Gegend von Amalfi, für die gekochte Auberginenscheiben in Ei getaucht und gebraten, mit kandierter Zitrusschale übereinandergeschichtet, wieder in Ei getaucht, gebraten und dann mit Schokoladensauce übergossen serviert werden.

Die in Geschäften und auf Märkten angebotenen Gemüse stammen fast ausschließlich aus der Gegend, so daß Qualität und Aroma erstklassig, die Preise aber gering sind. Im Süden sieht man der Saison bestimmter Gemüse wie etwa Spargel, Artischocken, dicken Bohnen und Fenchel erwartungsvoll entgegen, ganz anders als in jenen unseligen Ländern, wo die Produkte das ganze Jahr hindurch erhältlich sind und aus den entferntesten Winkeln der Erde eingeflogen werden, aber praktisch keinen Geschmack haben. Ich sehe keinen Sinn darin, eine riesige, im Glashaus gezogene Tomate zu essen, die eine perfekte Form und Farbe hat, aber nach nichts schmeckt. Es gibt nichts Besseres als jene aromatisch duftenden Gemüse des Südens, die unter freiem Himmel gewachsen frisch gepflückt wurden und alle Sonne der Welt sowie die liebevolle Pflege des Bauern genossen haben.

Die beste Zeit, *primizie* zu genießen, jene ersten zarten Gemüse, die auf den Markt kommen, ist das Frühjahr. Zu ihnen gehören Frühlingszwiebeln, Spargel, frische dicke Bohnen (meist roh mit Pecorino gegessen) und Artischocken, die

Letzte Doppelseite: Eine Auswahl an frischen Gemüsen

ganz jung und zart roh in Salaten gegessen oder in vielfältiger Weise gegart werden können. Die Artischocke wird übrigens überall angebaut und ist in jeder Region des Südens gleichermaßen beliebt. Vom März an hat der Süden auch eine große Vielfalt an Wildgemüsen wie Löwenzahn, wildem Fenchel, wildem Spargel und Rauke (bei uns besser bekannt unter der Bezeichnung *Rucola*) zu bieten. Sie werden von Einheimischen gesammelt und vom Land in die Stadt gebracht, wo man sie in makellosen Bündeln feilbietet und (nicht gerade billig) an alle verkauft, die nicht die Möglichkeit haben, sie selbst zu sammeln. Aus diesen Wildgemüsen mit ihrem intensiven Aroma können die schmackhaftesten Salate und auch herzhafte Suppen oder *minestre* (Gemüsetöpfe) zubereitet werden.

Es ist ungemein inspirierend, zu beobachten, wie die Süditaliener alle Gemüse wie Delikatessen behandeln, die mit nur wenig Aufwand und den passenden Aromazutaten in köstliche Spezialitäten verwandelt werden können. Die Sprossen einfachen wilden Hopfens, die auf Brachland gesammelt wurden, haben einen so herrlich nussigen Geschmack, daß man aus ihnen ein erlesenes Gericht zubereiten und sie sogar *pasticciati* (gerührt) mit Ei essen kann.

In Süditalien wird viel konserviert, um das volle Aroma von Gemüsen über ihre Saison hinaus zu bewahren. Tomaten werden im eigenen Saft eingemacht und bilden während der Wintermonate eine ausgezeichnete Grundlage für Saucen. Interessant ist die Kombination von Gemüsen wie Auberginen, kleinen Artischocken, Zwiebeln und Paprikaschoten, die mit Oliven und Kapern eingelegt *giardiniera* genannt und als *antipasto* serviert werden.

CAPONATA DI VERDURE
Gemüse-Caponata

FÜR 6 PERSONEN:
150 ml Olivenöl
50 g Semmelbrösel
200 g Blumenkohlröschen
2 Stangen Chicorée, halbiert
200 g Staudensellerie, in Stücke geschnitten
200 g Karde (auch Kardone oder Cardy, nur der zarte Mittelteil), in Stücke geschnitten (nach Belieben)
300 g frischer Spinat
200 g krause Endivie
2 EL Weißweinessig
1 EL in Salz konservierte Kapern, 10 Minuten gewässert, dann abgetropft
8 Anchovisfilets
Salz und frisch gemahlener schwarzer Pfeffer

Dies ist eine Abwandlung der berühmten sizilianischen caponata di melanzane, *die mit Auberginen zubereitet wird. Hier werden zahlreiche andere Gemüse zu einem ausgezeichneten Gericht kombiniert.*

In einem kleinen Topf 2 EL Olivenöl erhitzen und die Semmelbrösel darin bräunen. Von der Kochstelle nehmen und beiseite stellen.

Die Gemüse einzeln in einem großen Topf mit leicht gesalzenem kochendem Wasser garen, bis sie gerade weich sind, dann gut abtropfen lassen. Das restliche Olivenöl in einer großen Pfanne (oder, besser, einem Wok) erhitzen und die gegarten Gemüse 1–2 Minuten rühren, bis sie gut vermischt sind. Den Essig sowie etwas Salz und Pfeffer zufügen und gut untermischen. Das Gemüse in einer Servierschüssel anrichten. Mit Semmelbröseln und Kapern bestreuen und mit den Anchovis garnieren. Warm oder kalt als *antipasto* oder Beilage servieren.

FAVE AL GUANCIALE
Dicke Bohnen mit Guanciale

FÜR 4 PERSONEN:

120 ml natives Olivenöl extra

100 g *guanciale* (Schweinebacke) oder luftgetrockneter durchwachsender Speck, in schmale Streifen geschnitten

1 große Zwiebel, in dünne Scheiben geschnitten

1,5 kg frische junge dicke Bohnen, enthülst

Salz und frisch gemahlener schwarzer Pfeffer

Der Campo dei Fiori ist ein berühmter Platz in Rom, auf dem täglich Markt abgehalten wird. Man findet hier alle Arten von Obst und Gemüse, die gerade Saison haben, und sie werden so appetitlich angeboten und so laut angepriesen, daß man einfach nicht widerstehen kann. Als ich den Markt besuchte, waren die dicken Bohnen wunderbar grün und glänzten, ein Hinweis auf absolute Frische und Zartheit. Guanciale *(siehe Seite 16) wird in vielen Gerichten Latiums verwendet.*

Das Öl in einem Topf erhitzen und den Speck braten, bis er gebräunt ist. Die Hitze reduzieren und die Zwiebel weichdünsten. Die dicken Bohnen zufügen und eben mit Wasser bedecken. Den Deckel auflegen und die Bohnen etwa 20 Minuten garen, bis sie weich sind, nötigenfalls noch Wasser zufügen. Nach Geschmack salzen, pfeffern und servieren. Die Bohnen entweder mit Brot oder als Beilage zu Schweine- und Lammfleisch essen.

FAVE E CICORIE ('NCAPRIATA)
Dicke Bohnen und Chicorée

FÜR 4 PERSONEN:
400 g getrocknete dicke Bohnen, aus der Haut gedrückt, über Nacht in kaltem Wasser eingeweicht
1 Kartoffel, geschält und in Scheiben geschnitten
1 Stange Sellerie
1 reife Tomate
1 kleine Zwiebel, abgezogen
2 Knoblauchzehen, abgezogen
600 g Chicorée
Salz und frisch gemahlener schwarzer Pfeffer
natives Olivenöl extra zum Servieren

Dies ist ein bäuerliches Gericht aus Apulien, daß ich in Lecce in einem Restaurant probierte, das Tonio Piceci gehört – einem Gourmet, der meine Leidenschaft für den Erhalt der regionalen Küche teilt und auf dessen Speisekarte authentische heimische Gerichte stehen. Wichtig ist, nur allerbeste Zutaten zu verwenden wie erstklassiges Olivenöl und gute, getrocknete dicke Bohnen. Für Chicorée würde man in Apulien catalogna puntarelle *oder* cichorium intybus *nehmen, eine wilde Zichorienart, die an Löwenzahn erinnert. Während des Sommers kann man den Chicorée durch Löwenzahn oder krause Endivie ersetzen.*

Dieses Gericht wird als Vorspeise gegessen und ist sehr sättigend.

Die dicken Bohnen abtropfen lassen, in einen Topf geben und mit frischem Wasser bedecken. Kartoffel, Selleriestange, Tomate, Zwiebel und Knoblauchzehen zufügen. Die Zutaten zum Kochen bringen und 1 Stunde köcheln lassen, bis die Bohnen sehr weich sind. Sellerie, Tomate, Zwiebel und Knoblauch wegwerfen – die Kartoffel ist mittlerweile zerfallen. Bei schwacher Hitze die Bohnen zu einem dicken Püree zerkleinern, nötigenfalls etwas heißes Wasser zufügen. Nach Geschmack salzen und pfeffern, dann beiseite stellen.

Den Chicorée in kochendem Salzwasser garen, bis er gerade weich ist. Gut abtropfen lassen, auf das Bohnenpüree legen und großzügig mit Olivenöl beträufeln.

BARBA DI FRATE SALTATA
Gebratener Mönchsbart

FÜR 4 PERSONEN:

800 g *barba di frate* (Mönchsbart bzw. chinesischer Schnittlauch), alternativ Brokkoli, Löwenzahn oder Rübenblätter

120 ml natives Olivenöl extra

2 Knoblauchzehen, gehackt

1 Chilischote, fein gehackt (mit Samen)

Saft von 1 Zitrone

Salz

Als Beilage zu fave al guanciale *(siehe Seite 149) habe ich auf dem Markt des Campo dei Fiori in Rom ein Gemüse gefunden, das aufgrund seines Aussehens* barba di frati, *Mönchsbart, genannt wird. Es handelt sich um dunkelgrüne Röhren, die roh oder gegart gegessen werden können, wie dicker Schnittlauch aussehen und säuerlich schmecken. Im Asienladen findet man Mönchsbart unter dem Namen »chinesischer Schnittlauch«. Als Ersatz eignen sich in diesem Rezept auch Brokkoli, Löwenzahn und Rübenblätter.*

Die *barba di frate* oder die alternativ genannten, geputzten und zerkleinerten Gemüse in leicht gesalzenem kochendem Wasser 1–2 Minuten blanchieren, dann gut abtropfen lassen. Das Öl in einem Topf erhitzen. Knoblauch und Chilischote kurz braten, ohne den Knoblauch zu bräunen. Die *barba di frate* zufügen und 2–3 Minuten unter Rühren braten, bis sie mit Öl überzogen sind. Warm oder kalt mit Zitronensaft und Salz nach Geschmack servieren.

ZUCCHINI AL POMODORO E BASILICO
Zucchini mit Tomaten und Basilikum

FÜR 4 PERSONEN:
800 g kleine Zucchini
6 EL natives Olivenöl extra
2 Knoblauchzehen, grob gehackt
800 g reife Tomaten, abgezogen, entkernt und gehackt
1 Bund Basilikum, grob gehackt
Salz

Dieses ungemein einfache Gericht aus Sizilien ist eine gute Beilage zu Fisch und hellem Fleisch. Wählen Sie beim Einkauf kleine, zarte Zucchini.

Die Zucchini in Würfel schneiden. Das Öl in einem großen Topf erhitzen und den Knoblauch kurz braten. Tomaten, Basilikum und Zucchini hineinrühren und zugedeckt 15–18 Minuten sanft garen, bis die Zucchini weich sind. Nach Geschmack salzen und warm oder kalt servieren.

TORZELLI
Gebratene Endivie

FÜR 4 PERSONEN:
4 große oder 8 kleine Köpfe krause Endivie
natives Olivenöl extra zum Braten
Salz und frisch gemahlener schwarzer Pfeffer

Dieses Gericht habe ich Donatella Limentani Pavoncellos Sammlung römisch-jüdischer Familienrezepte entnommen. Es ist ganz einfach und paßt gut zu ngozzamoddi *(siehe Seite 116).*

Die harten dunkelgrünen Außenblätter der Endivie entfernen und nur die zarten Blätter am Stengel belassen. Die Herzen 2 Minuten in leicht gesalzenem kochendem Wasser garen, dann gut abgetropft trockentupfen. Nacheinander in Olivenöl braten und wenden, bis sie braun und rundum knusprig sind. Mit Salz und Pfeffer bestreut warm oder kalt servieren.

ZUCCHINI A CACIO E UOVA
Zucchini mit Eiern und Käse

FÜR 4 PERSONEN:

120 ml natives Olivenöl

1 kleine Zwiebel, fein gehackt

2 Knoblauchzehen, abgezogen

1 kg Zucchini, in dünne Scheiben geschnitten

4 Eier, verquirlt

75 g Parmesan oder Pecorino, frisch gerieben

2 EL feingehackte frische Basilikumblätter

Salz und frisch gemahlener schwarzer Pfeffer

Der Ausdruck a cacio e uova *ist im italienischen Süden weit verbreitet. Eier und Käse sind Zutaten, die sich jeder leisten kann, und häufig werden sie gemeinsam Gemüsegerichten zugefügt. Dieses Rezept darf nicht mit* frittata *verwechselt werden. Es ist eine lockere Mischung, mehr wie Rührei, die sich ganz einfach zubereiten läßt und wohltuend für den Körper ist. Gewöhnlich ißt man sie mit Brot als Vorgericht.*

Das Öl in einem Topf erhitzen, Zwiebel und Knoblauch sanft darin braten, bis sie weich sind. Den Knoblauch wegwerfen, dann die Zucchini, 3 EL heißes Wasser sowie etwas Salz und Pfeffer zufügen. Bei mittlerer Hitze 15 Minuten garen, bis die Zucchini weich sind.

In einer Schüssel Eier, Käse und Basilikum vermischen und nach Geschmack salzen und pfeffern. Die Mischung über die Zucchini gießen und behutsam garen, dabei mit einem Holzlöffel rühren, so daß eine weiche Mischung entsteht. Mit gutem Brot servieren.

INSALATA DI ARANCE E LIMONI
Orangen-Zitronen-Salat

FÜR 4 PERSONEN:

4 Orangen, vorzugsweise Blutorangen

4 Zitronen (nicht zu sauer) oder 2 Grapefruits

Saft von 1 Limette

4 EL natives Olivenöl extra

Salz und frisch gemahlener schwarzer Pfeffer

Minzstengel zum Garnieren

Damit dieser erfrischende Salat das optimale Aroma entwickelt, sollte er mit reifen, aromatisch duftenden Früchten zubereitet werden. Ich hatte das Glück, die Früchte in Kalabrien in einem Orangen- und Zitronenhain direkt vom Baum pflücken zu können. Im Süden Italiens sind Zitronen nicht so sauer wie anderswo. Da diese Zitronen außerhalb Italiens aber schwer zu bekommen sind, sollte man alternativ Grapefruit verwenden.

Die Orangen schälen, dabei die weiße Schale vollständig entfernen. Die Früchte in die Hand nehmen und mit einem kleinen scharfen Messer die Segmente aus den Häutchen schneiden. Zitronen oder Grapefruits ebenfalls sorgfältig schälen und in dünne Scheiben schneiden.

Die Früchte in eine Keramikschüssel geben. Limettensaft, Olivenöl und etwas Salz verschlagen und dieses Dressing über die Früchte gießen. Etwas Pfeffer darübermahlen und den Salat mit Minze garniert servieren. Er paßt ausgezeichnet zu kaltem Fleisch oder Braten.

CIPOLLE ALLA DON PIPPO
Gefüllte Zwiebeln »Don Pippo«

FÜR 4 PERSONEN:
8 große Zwiebeln, vorzugsweise rot und mild
200 g frische Brotkrumen, in Wasser eingeweicht und ausgedrückt
1 EL feingehacktes frisches Basilikum
1 EL feingehackte frische Petersilie
75 g Pecorino, in kleine Würfel geschnitten
75 g Pecorino oder Parmesan, gerieben
1 EL in Salz konservierte Kapern, 10 Minuten gewässert, dann abgetropft und grob gehackt
2 Eier, verquirlt
120 ml Olivenöl
2 EL Semmelbrösel
Salz und frisch gemahlener schwarzer Pfeffer

Die rote ›Tropea‹ ist eine Zwiebel von mildem, süßlichem Geschmack, die man meist roh in Salaten ißt (siehe insalata di cipolle di tropea *Seite 165). Sie wird in Kalabrien, vornehmlich in dem Gebiet des Capo Vaticano angebaut, einer Landzunge, auf der der Leuchtturm von Tropea steht. Dieses Rezept ist Pippo Benedetto gewidmet, der dort 32 Jahre Leuchtturmwärter war und zu einer Art lokaler Legende geworden ist. Als ich für ihn kochte, verriet mir schon sein Gesichtsausdruck, wie sehr ihm diese neue Zubereitungsweise für Zwiebeln gefiel. Für das Rezept können natürlich auch andere Zwiebelsorten verwendet werden.*

Den Backofen auf 200 °C (Gasherd Stufe 3–4) vorheizen.

Die Zwiebeln abziehen und das obere Ende abschneiden. Die Zwiebeln mit einem scharfen Messer aushöhlen, dabei eine 1 cm dicke Wand stehen lassen.

Brotkrumen, Basilikum, Petersilie, gewürfelten Pecorino, geriebenen Käse, Kapern, Eier und 2 EL Olivenöl vermischen. Nach Geschmack salzen und pfeffern und die Mischung in die Zwiebeln füllen. Die Zwiebeln in eine ofenfeste Form setzen. Mit den Semmelbröseln bestreuen und mit dem restlichen Olivenöl beträufeln. Für 30 Minuten in den Backofen schieben, bis sie weich sind.

Nächste Seite (von links):
cipolle alla Don Pippo; insalata di arance e limoni (Seite 154)

PATATE IN TEGAME AL FORNO
Ofenkartoffeln nach kalabrischer Art

FÜR 6 PERSONEN:

1,5 kg Kartoffeln, geschält und in nicht zu dünne Scheiben geschnitten
600 g große, reife Fleischtomaten, in Scheiben geschnitten
20 frische Basilikumblätter
120 g frischer Pecorino (dolce), gerieben
50 g Semmelbrösel
120 ml natives Olivenöl extra
Salz und frisch gemahlener schwarzer Pfeffer

Obwohl in Süditalien oft Kartoffeln verwendet werden, sind sie dort kein Ersatz für Brot oder Pasta. Vielmehr werden sie wie Gemüse behandelt und für sich oder als Beilage zu Fleisch oder Fisch serviert. Am besten gelingt dieses Gericht, wenn man es in einem tiano *(Tontopf) im Holzofen gart. Aber wer verfügt heute schon über solchen »Luxus«? Eine tiefe ofenfeste Form und ein normaler Backofen erfüllen jedoch ebenfalls ihren Zweck.*

Kartoffeln, Tomaten und Basilikum in eine ofenfeste Form (vorzugsweise aus Ton) schichten, zwischen die Lagen Salz, Pfeffer und geriebenen Pecorino streuen. Mit Semmelbröseln bestreuen und mit Olivenöl beträufeln. Etwas Wasser zugeben und die Form für 50–70 Minuten in den Backofen schieben, bis die Karoffeln weich sind. Das ist je nach Sorte verschieden.

FUNGHI MISTI ALLA BRACE
Waldpilze vom Holzkohlengrill

FÜR 4 PERSONEN:

800 g gemischte Waldpilze (oder Zuchtpilze)
150 ml natives Olivenöl extra
Saft von ½ Zitrone
3 EL sehr fein gehackte frische Petersilie
1 Chilischote, sehr fein gehackt
1 Knoblauchzehe, sehr fein gehackt
Salz und frisch gemahlener schwarzer Pfeffer

Wenn in Italien gegrillte Pilze serviert werden, sind es meist große Steinpilze. Aber während der Pilzsaison können auch andere Wald- oder Zuchtpilze verwendet werden, um eine interessante Mischung an Strukturen, Farben und Aromen entstehen zu lassen. Dieses Gericht ist eine wahre Köstlichkeit und eignet sich ideal für Vegetarier. Im Süden und insbesondere in Apulien ist die beliebteste Pilzsorte der cardoncello, *eine Art sehr fleischiger Austernpilz.*

Die Pilze sorgfältig putzen, dicke Exemplare halbieren. Öl, Zitronensaft, Petersilie, Chilischote, Knoblauch sowie etwas Salz und Pfeffer vermischen und diese Mischung auf die Pilze streichen. Die Pilze auf den Holzkohlengrill legen. Kleine Exemplare nur wenige Minuten garen, größere etwas länger. Salzen, pfeffern und sofort servieren, für sich allein oder als Beilage zu gegrilltem Fleisch.

Nächste Doppelseite:
funghi misti alla brace

PEPERONI ALLA SICILIANA
Paprikaschoten nach sizilianischer Art

FÜR 4 PERSONEN:
6 EL natives Olivenöl extra
800 g rote und gelbe Paprikaschoten, entkernt und in schmale Streifen geschnitten
6 Knoblauchzehen, abgezogen
100 g schwarze und grüne Oliven
2 EL in Salz konservierte Kapern, 10 Minuten gewässert, dann abgetropft
6 Anchovisfilets
3 EL Weißweinessig
Salz

Für dieses Gericht braucht man fleischige rote und gelbe Paprikaschoten, die auf Sizilien ein sehr süßes, intensives Aroma haben. Man serviert es als Beilage zu scaloppine al marsala secco *(Seite 105), Schweineschnitzel und sogar zu gefülltem Lamm.*

Öl, Paprikaschoten und Knoblauchzehen in einen großen schweren Topf geben und bei recht starker Hitze 10 Minuten braten, dabei häufig rühren, damit sie nicht anbrennen. Oliven und Kapern zufügen und alles bei hoher Temperatur unter Rühren weitergaren, bis die Paprikastreifen weich werden. Anchovisfilets zufügen und rühren, bis sie zerfallen. Den Essig zugeben und einige Minuten rühren, damit die Aromen sich verbinden, dann salzen. Das Gericht schmeckt warm und kalt hervorragend.

PEPOLATA
Sauce von roten Paprika- schoten und Anchovis

FÜR 4 BIS 6 PERSONEN:
4 rote Paprikaschoten
4 TL in Salz konservierte Kapern, 10 Minuten gewässert, dann abgetropft
1 Knoblauchzehe, gehackt
2 Chillies, gehackt
20 Anchovisfilets
etwa 150 ml natives Olivenöl extra

Während der Filmaufnahmen für die britische TV-Serie, die dieses Buch begleitet, besuchten wir auch die Kirche San Lorenzo von Sogliano Cavour in Apulien. Für die Verehrer dieses Märtyrers bereitete ich frische Bratwürstchen (siehe Seite 103) auf dem Grill zu. Nachdem ich das Gefühl hatte, etwas dazu servieren zu müssen, erfand ich diese Sauce. Sie schmeckt ganz köstlich zu allen gegrillten Speisen und auch zu gekochtem Fleisch und Fisch. Der Name ist eine Zusammenfügung von peperonata *und* gremolata *– bei dem einen handelt es sich um ein Ragout aus Paprikaschoten und Tomaten, bei dem anderen um eine Sauce, die zu allen möglichen Gerichten gereicht werden kann. Um eine andere Farbe zu erhalten, können statt roten Paprikaschoten auch gelbe verwendet werden.*

Die Paprikaschoten auf den heißen Grill oder in den Backofen legen, bis sie rundum schwarz sind und Blasen werfen, dann abkühlen lassen. Die Haut abziehen und die Samen entfernen.

Die Paprikaschoten mit Kapern, Knoblauch, Chillies und Anchovis in den Mixer geben und so viel Olivenöl zufügen, daß eine glatte, aber nicht zu flüssige Sauce entsteht. Als Beilage zu gegrillten Speisen servieren.

POLPETTE DI MELANZANE
Auberginenbällchen

FÜR 4 BIS 6 PERSONEN:
1,5 kg Auberginen
4 Eier, verquirlt
2 EL feingehackte frische Petersilie
1 Knoblauchzehe, sehr fein gehackt
75 g gereifter Pecorino (oder Parmesan), gerieben
einige EL Semmelbrösel
Olivenöl zum Braten
Salz und frisch gemahlener schwarzer Pfeffer

Dies ist ein authentisches Gericht aus Apulien, das sich leicht zubereiten läßt und unwiderstehlich gut ist. Es gibt verschiedene Versionen, doch dies ist mit Abstand das beste Rezept.

Die Stiele der Auberginen abschneiden und die Auberginen in leicht gesalzenem Wasser kochen, bis sie weich sind. Abtropfen und abkühlen lassen, dann das gesamte Wasser herausdrücken. Die Auberginen in der Küchenmaschine pürieren oder, besser, von Hand sehr fein hacken. In einer Schüssel mit Eiern, Petersilie, Knoblauch, Käse sowie etwas Salz und Pfeffer vermischen. So viele Semmelbrösel zufügen, daß eine weiche, formbare Masse entsteht. Die Mischung mit den Händen zu Bällchen von etwa 5 cm Durchmesser formen.

Etwas Olivenöl in einer großen Pfanne erhitzen und die Bällchen auf allen Seiten bräunen. Sie schmecken sowohl warm als auch kalt ausgezeichnet.

INSALATA DI CIPOLLE DI TROPEA
Salat von Tropea-Zwiebeln

FÜR 4 PERSONEN:

2 milde süßliche Zwiebeln, in dicke Scheiben geschnitten
1 Staudenselleriеherz, in kleine Stücke geschnitten
200 g entsteinte große grüne Oliven
400 g Cocktailtomaten
6 EL natives Olivenöl
3 EL Rotweinessig
1 EL guter getrockneter Oregano
Salz und frisch gemahlener schwarzer Pfeffer

Die ›Tropea‹ ist eine Zwiebelsorte aus Kalabrien mit sehr mildem Geschmack. Gewöhnlich schneidet man diese Zwiebeln einfach in Stücke und ißt sie mit Olivenöl und Essig beträufelt roh. Ich verwende sie auch zur Zubereitung dieses Salates. Außerhalb Italiens sind sie schwer zu bekommen, aber man kann auch jede andere milde süßliche Sorte verwenden. Falls gewünscht, können Sie noch Thunfisch aus der Dose und hartgekochte Eier zufügen.

Zwiebel, Staudensellerie und Tomaten in eine Schüssel geben. Olivenöl und Essig darüberträufeln, dann mit Oregano sowie etwas Salz und Pfeffer bestreuen. Gut durchmischen.

ASPARAGI SELVATICI ALL'OLIO E LIMONE
Wilder Spargel mit Öl und Zitrone

Sollten Sie das Glück haben, im Mai wilden Spargel zu finden, so genießen Sie ihn einfach in Salzwasser gekocht und mit nativem Olivenöl, wenig Zitronensaft und etwas Pfeffer als Appetithappen direkt aus der Hand oder als Beilage zu Fleisch.

POMODORI RIPIENI DI RISO
Tomaten mit Reisfüllung

FÜR 4 PERSONEN:
200 g Risottoreis
8 große, reife Tomaten
120 ml Olivenöl sowie zusätzliches Öl zum Beträufeln
20 Minzblätter, fein gehackt
1 Knoblauchzehe, fein gehackt
8 Anchovisfilets, fein gehackt
Salz und frisch gemahlener schwarzer Pfeffer

Am häufigsten füllt man Gemüse mit Semmelbröseln, Brotkrumen, Fleisch und Thunfisch, doch in Rom verwendet man für Tomaten rohen Reis, der dann im Saft der Tomaten gart. Dies funktioniert jedoch nur mit sehr großen, festen Tomaten, die außerhalb Italiens schwer erhältlich sind. Daher empfehle ich, den Reis zunächst kurz zu kochen.

Die Tomaten können als Teil eines antipasto *oder als Vorgericht serviert werden. Meine Mutter pflegte letzteres zu tun, um Reis einmal anders zu servieren.*

Den Backofen auf 180 °C (Gasherd Stufe 2–3) vorheizen.

Den Reis in kochendem Salzwasser nur 5 Minuten garen, dann abtropfen lassen. Deckel von den Tomaten abschneiden, aber nicht ganz abtrennen. Die Tomaten vorsichtig aushöhlen, die Kerne wegwerfen und das Fruchtfleisch fein hacken. Mit dem Reis in eine Schüssel geben und Öl, Minze, Knoblauch, Anchovis sowie etwas Salz und Pfeffer untermischen. Die Mischung in die Tomaten füllen und die Deckel zuklappen. Die Tomaten mit etwas Olivenöl beträufeln und für 30 Minuten in den Backofen schieben. Heiß, warm oder kalt servieren.

FAGIOLI ALLA CAFONA
Bohnen nach bäuerlicher Art

FÜR 4 PERSONEN:
300 g frische Cannellino-Bohnen (oder 200 g getrocknete Bohnen, über Nacht eingeweicht, dann abgetropft)
2 reife Tomaten, gewürfelt
1 Stange Sellerie, fein gehackt
1 Knoblauchzehe, fein gehackt
½ TL getrockneter Oregano
½ Chilischote, fein gehackt
6 EL natives Olivenöl extra
4 große Scheiben geröstetes Landbrot
Salz

Endlich habe ich in Italien doch noch eine Entsprechung zu den englischen »Bohnen auf Toast« gefunden, die aber interessanter ist. Cafone *ist eine abfällige Bezeichnung für Bauer, aber ich muß sagen, wenn Bauern dieses Rezept erfunden haben, müssen sie Gourmets gewesen sein. Dieses Gericht ist typisch für die Provinz Caserta in Kampanien.*

Die Bohnen in einen großen Topf geben und mit Wasser bedecken. Zum Kochen bringen und 1 Stunde köcheln, bis die Bohnen gerade weich werden. Tomaten, Sellerie, Knoblauch, Oregano, Chilischote und Öl zufügen und alles weitere 40 Minuten garen, bis die Bohnen ganz weich sind. Nach Geschmack salzen und in Suppentellern auf einer Scheibe geröstetem Brot servieren. Falls gewünscht, mit etwas zusätzlichem Olivenöl beträufeln.

DOLCI
Desserts

In Italien ißt man am Ende einer Mahlzeit als schlichtes erfrischendes Dessert oft einfach Obst. Allerdings sind die Süditaliener diesbezüglich sehr verwöhnt. In allen Regionen zieht man eine große Vielfalt an Früchten, die nur absolut reif geerntet und noch am selben Tag zum Verkauf auf den Markt gebracht werden. Es gibt keine zweitklassige Qualität – es wird nur allerbeste Ware angeboten. Früchte wie Pfirsiche, Pflaumen, Kirschen, Birnen, Feigen, Orangen und Tangerinen reifen am Baum und erhalten dadurch ein unvergleichliches Aroma. Aus einigen werden *crostate di frutta* – Obstkuchen mit Mürbteigböden – gebacken, andere konserviert man für den Winter, vor allem Quitten und Tangerinen.

Nüsse werden sehr oft für Desserts verwendet, vor allem auf Sizilien, wo man aus den heimischen Mandeln Marzipan für *frutta di Martorana* (siehe Seite 178), Cassata oder kunstvoll geformtes Gebäck wie *agnello pasquale* – ein Osterlamm – herstellt. Sowohl Mandeln als auch Haselnüsse werden für *croccante di nocciole* verwendet. Diese Mischung aus geschmolzenem Zucker, Honig und Nüssen ist eine Weihnachtsspezialität, die ursprünglich aus Neapel kommt, heute aber im gesamten Süden verbreitet ist. Eine weitere berühmte Spezialität ist *torrone* (Nougat) aus Nüssen, Honig, Zucker und Eiweiß. Walnüsse steckt man in Trockenfeigen, die anschließend in geschmolzene Bitterschokolade getaucht werden – eine herrliche Nascherei.

Der kulinarische Einfluß der arabischen Invasoren spiegelt sich, vornehmlich auf Sizilien und in Apulien, in den Desserts wider, bei denen es sich meist um Ausgebackenes, Kekse und Kuchen handelt. Kuchen werden oft mit Honig

Letzte Doppelseite: *frutta di martorana* (Seite 178); links: *cannoli alla siciliana* (Seite 174); unten links: *sfogliatelle* (ein typisch neapolitanisches Gebäck); Mitte: *fragoline di bosco all'arancio* (Seite 176); rechts: frischer Ricotta

zubereitet oder mit Ricotta gefüllt, der mit Zucker cremig geschlagen wurde. Da sie sehr gehaltvoll sind, serviert man sie nur zu besonderen Gelegenheiten am Ende der Mahlzeit und ißt sie häufiger als Snack zwischen den Mahlzeiten. In italienischen Bars und *pasticcerie* türmen sich *babas, sfogliatelle, spumoni* und *crostate*, die zu jeder Tageszeit die Laune heben.

Eiscremes, Sorbets und *granite* sind ausgezeichnet. Im Süden und insbesondere auf Sizilien findet man die wunderbarsten Eiscremes, die nur mit den besten Zutaten hergestellt werden. Die Eisherstellung nahm ihren Anfang, als die Araber Schnee vom Ätna in speziell angelegte Höhlen brachten, um Lebensmittel zu lagern. Dieser Schnee wurde dann mit Fruchtsäften vermischt, und so entstanden erfrischende Sorbets. Viel später wurde, mit der Entwicklung neuer Technologien, der Schnee durch Milch und Sahne ersetzt, und die Eiscreme war geboren.

Menschen, die im Sommer vor einem Café sitzen und eine in einer Zitronenhälfte servierte Zitronen-*granita* oder eine mit starkem Espresso zubereitete *granita al caffè* essen, sind Ausdruck typisch südlicher Lebensart, denn man verbringt hier seine Zeit nicht zu Hause, sondern auf der Straße und den Piazzas, um das herrliche Wetter zu genießen.

RAVIOLO FRITTO AL MIELE DI FIOR D'ARANCIO

Fritierter Raviolo mit Orangenblütenhonig

FÜR 4 PERSONEN:
4 Stück Pecorino, in 10 cm große und 5 mm dicke Kreise geschnitten
Olivenöl zum Fritieren
120 ml Orangenblütenhonig

Für den Teig:
150 g Mehl
1 Ei
1 Eigelb
1 Prise Salz
1 EL Zucker

Um dem außergewöhnlich guten Orangenblütenhonig vom Pietro Pizzimenti in Kalabarien gerecht zu werden, habe ich ihn für ein Rezept aus Sardinien verwendet, denn ich bin der Meinung, daß beide sich perfekt ergänzen. Der sardische Raviolo, sabadas *oder* sebadas *genannt, wird meist mit heimischem Honig zubereitet, doch ich finde den Honig aus Kalabrien einfach unwiderstehlich.*

Für den Teig das Mehl auf die Arbeitsfläche häufen und eine Mulde machen. Ei, Eigelb, Salz und Zucker hineingeben und mit einer Gabel verrühren. Nach und nach das Mehl untermischen. Den Teig etwa 10 Minuten sorgfältig kneten, bis er glatt und elastisch ist. Abdecken und 20 Minuten ruhen lassen.

In diesem Orangenhain am Pietro Pizzimenti in Kalabrien erzeugen Bienen köstlichen Orangenblütenhonig.

Den Teig etwa 3 mm dick ausrollen und 8 Kreise von 15 cm Durchmesser ausstechen, nötigenfalls die Teigreste noch einmal zusammennehmen und neu ausrollen. In die Mitte von 4 Teigkreisen ein Stück Pecorino legen und die Ränder mit Wasser bestreichen, dann die restlichen Teigscheiben darauflegen. Die Ränder behutsam zusammendrücken.

Reichlich Olivenöl in einem Topf erhitzen und die Ravioli 3–4 Minuten fritieren, bis sie auf beiden Seiten braun und knusprig sind. Auf Tellern anrichten und mit dem Honig übergossen sofort servieren.

TORTA DI FAVE
Dicke-Bohnen-Kuchen

FÜR 4 BIS 6 PERSONEN:

- **600 g enthülste junge dicke Bohnen**
- **6 Eier**
- **300 g Zucker sowie Zucker zum Bestreuen**
- **6 EL Semmelbrösel**
- **6 EL natives Olivenöl extra**

Von all den kulinarischen Wunderlichkeiten ist dieser sardische Kuchen eine der merkwürdigsten. Er muß von einem Bauern erfunden worden sein, auf dessen Acker zu viele dicke Bohnen wuchsen. Ich habe ihn probiert, und er schmeckt besser als man vermuten würde. Wichtig ist, daß die Bohnen jung und zart sind.

Die dicken Bohnen 1 Minute in kochendem Wasser blanchieren, dann abtropfen lassen und aus der Haut drücken.

Eier und Zucker schaumig schlagen, dann Bohnen und Semmelbrösel unterrühren. Das Öl in einer großen schweren Pfanne erhitzen. Die Bohnenmischung hineingeben und behutsam garen, bis die Unterseite gebräunt ist. Den Kuchen vorsichtig wenden und die andere Seite bräunen. Mit Zucker bestreut servieren. Der Kuchen schmeckt sowohl warm als auch kalt.

CANNOLI ALLA SICILIANA
Sizilianische Cannoli

ERGIBT 16 STÜCK:
25 g Butter
25 g Zucker
1 Ei
3 ½ EL trockener Weißwein
2 EL Vanillezucker
1 Prise Salz
150 g Mehl
1 verquirltes Ei
Schmalz oder Pflanzenöl zum Fritieren
Puderzucker zum Bestäuben

Für die Füllung:
500 g sehr frischer Ricotta-Käse
100 g Zucker
1 EL Vanillezucker
2 EL Orangenblütenwasser
50 g gemischte kandierte Zitrusschale (Orangeat und Zitronat), fein gehackt
40 g kandierte Engelwurz (Angelika), fein gehackt
50 g kandierte Kirschen
90 g Bitterschokolade, fein gehackt

Wenn Sie eine der besten südlichen Spezialitäten essen möchten, ist ein wenig Mühe erforderlich. Jede Bar und pasticceria *des Südens bereitet dieses Gebäck zu, das ursprünglich aus Sizilien stammt. Man ißt es zu jeder Tageszeit, um durch einen angenehmen kleinen Kalorienschub neue Energie zu bekommen.*

Zum Formen der Cannoli braucht man einige Stücke Bambus- oder Metallrohr von etwa 15 cm Länge und 2 cm Dicke.

Für den Teig Butter und Zucker schaumig schlagen. Ei, Wein, Vanillezucker und Salz unterrühren. Das Mehl untermischen und den Teig 5–10 Minuten kneten, bis er glatt und elastisch ist. Abgedeckt mindestens 2 Stunden kühlen.

Den Teig 2 mm dick ausrollen und in 16 Quadrate von 12,5 cm Seitenlänge schneiden. Ein Stück Bambus- oder Metallrohr schräg auf jedes Quadrat legen und zwei gegenüberliegende Ecken um das Rohr schlagen. Mit dem verquirlten Ei verbinden. Jeweils 3 oder 4 Röllchen auf einmal herstellen (die Zahl hängt von der Menge der vorhandenen Rohrstücke ab).

So viel Schmalz oder Öl in einem großen tiefen Topf erhitzen, daß es die Cannoli vollkommen bedeckt. Wenn es sehr heiß ist, vorsichtig 3 oder 4 Cannoli hineinlegen und fritieren, bis sie goldbraun sind – dies dauert nur 1½–2 Minuten. Ich finde, das beste Arbeitsgerät zum Hinein- und Herausheben ist hier eine Gabel mit langen Zinken. Die fertigen Cannoli auf Küchenpapier abtropfen lassen. Wenn sie vollkommen ausgekühlt sind, die Rohrstücke herausziehen.

Für die Füllung den Ricotta mit einer Gabel verschlagen, dann Zucker, Vanillezucker und Orangenblütenwasser untermischen. Der Ricotta sollte eine cremigere Konsistenz bekommen. Zitronat und Orangeat, Engelwurz, Kirschen und Schokolade unterziehen. Die Mischung in die Cannoli füllen und diese auf einem Teller anrichten. Mit Puderzucker bestäubt kalt servieren, aber nicht in den Kühlschrank stellen.

FICHI VANIGLIATI AL FORNO
Gebackene Feigen

FÜR 4 PERSONEN:
12 große, frische reife Feigen
12 EL Vanillezucker (oder Streuzucker und einige Tropfen Vanille-Extrakt)

Feigen werden in Italien auf alle möglichen Arten – frisch, getrocknet oder im Backofen gegart – gegessen, und auch dieses einfache Dessert schmeckt erstaunlich gut. Man kann es mit Crème double servieren. In Italien ist das zwar nicht üblich, aber die Entscheidung liegt bei Ihnen.

Den Backofen auf 180 °C (Gasherd Stufe 2–3) vorheizen.

Die Feigen vorsichtig schälen und dicht nebeneinander in eine ofenfeste Form setzen. Jede mit 1 EL Vanillezucker bestreuen. Die Feigen 5 Minuten im Backofen garen, dann 2–3 Minuten unter den heißen Grill schieben. Sie sollten einen herrlichen rosa Sirup abgeben und mit einer Zuckerkruste bedeckt sein. Sie können heiß serviert werden, schmecken aber auch gekühlt wunderbar.

FRAGOLINE DI BOSCO ALL'ARANCIO
Walderbeeren mit Orangensaft

FÜR 4 PERSONEN:

400 g frisch gepflückte Walderdbeeren
2 EL Zucker
Saft von 2 Orangen, vorzugsweise Blutorangen

Ein sehr einfaches Dessert, dessen Zutaten sich ausgezeichnet ergänzen. Statt Walderdbeeren kann man auch Gartenerdbeeren verwenden.

Große Gartenerdbeeren in Stücke schneiden. Die Erdbeeren in einer Schüssel mit dem Zucker vermischen, dann 1–2 Stunden durchziehen lassen. Die Portionen kurz vor dem Servieren mit dem Orangensaft übergießen.

Beim Kauf von Walderdbeeren in Palermo

PESCHE FRITTE
Fritierte Pfirsiche

FÜR 8 PERSONEN:
250 g Zucker
300 g Ricotta
½ TL Zimt
3 hartgekochte Eigelb
8 reife Pfirsiche
Mehl zum Wenden
1 Ei, verquirlt
Semmelbrösel zum Überziehen
Olivenöl zum Fritieren

Dieses Rezept ist meine Erfindung, wobei ich Zutaten des Südens auf nördliche Art verwendet habe. Das Resultat ist köstlich!

Zucker, Ricotta, Zimt und hartgekochte Eigelbe in eine Schüssel geben und gut vermischen, dann durch ein Sieb streichen (oder alles mit dem Handmixer bearbeiten). Für 2 Stunden kalt stellen, bis die Masse fest ist.

Die Pfirsiche halbieren und die Steine mit einem scharfen Messer vorsichtig herauslösen. Mit einem Löffel etwas Fleisch aus den Mitten entfernen. Das entfernte Fruchtfleisch mit der Ricottamasse vermischen und diese in die Pfirsichhälften füllen. Die Pfirsiche im Mehl, dann in dem verquirlten Ei und schließlich in den Semmelbröseln wenden.

Das Olivenöl erhitzen und die Pfirsiche wenige Sekunden fritieren, bis sie goldbraun sind. Warm oder kalt servieren.

FRUTTA DI MARTORANA
Marzipanfrüchte

Für etwa 1 kg:
500 g Mandeln
500 g Zucker
225 ml Wasser
1 Päckchen Vanillezucker oder einige Tropfen Vanille-Extrakt
Verschiedene Lebensmittelfarben

Dies ist das Grundrezept für eine sizilianische Spezialität, benannt nach dem Kloster von Martorana, wo sie erfunden wurde. In Sizilien formt man die Früchte mit Hilfe verschiedenster Obstförmchen, anschließend werden sie gefärbt. Sie können die Formen nach eigenem Geschmack mit den Fingern gestalten oder Plätzchenausstecher zu Hilfe nehmen. Um das Marzipan herzustellen, das man in Sizilien auch pasta reale *nennt, können Sie bereits fertig gemahlene Mandeln kaufen oder alles selber machen, wie unten beschrieben.*

Die Mandeln in einem Topf mit kochendem Wasser einige Minuten köcheln, abgießen und enthäuten. Nach dem Trocknen die Mandeln in einem elektrischen Zerhacker oder einer Mandelmühle so fein wie möglich zerkleinern.

Zucker, Wasser und Vanillezucker oder -extrakt in einer großen Kasserolle langsam erhitzen und den Zucker unter Rühren schmelzen lassen. Aufkochen, das Mandelpulver zufügen und 5 Minuten kochen, dabei ständig rühren, bis die Masse sich von den Topfwänden löst. Auf eine Arbeitsfläche gießen und leicht abkühlen lassen, danach ein paar Minuten durchkneten. Die Masse ist nun fertig zum beliebigen Formen und anschließenden Färben. Trauen Sie sich ruhig zu, mit künstlerischem Gespür auch Farben zu mischen!

Die Marzipanfrüchte in einer gut schließenden Dose oder einem Glasbehälter aufbewahren. Sie halten sich gut, da sie keine Eier enthalten.

LA COTOGNATA DI ANTONIO
Antonios Quittenkonfekt

ERGIBT CA. 50 WÜRFEL KONFEKT:

1,5 kg reife Quitten, gewaschen und nach Entfernen des Kerngehäuses in kleine Stücke geschnitten

Zucker

Öl für das Blech

Dieses Rezept bekam ich von Antonio Piceci, Chefkoch des Barbablu, einem Restaurant in Lecce, und ich mag es wegen seiner Schlichtheit sehr. Doch ich liebe Quitten ohnehin!

Die Quitten mit einem Glas Wasser in einen Topf geben und zugedeckt 30–45 Minuten sanft garen, bis sie zerfallen. Durch ein Sieb streichen, so daß ein glattes Püree entsteht. Das Püree abwiegen. Die gleiche Menge Zucker mit einem kleinen Glas Wasser in einen sauberen Topf geben und behutsam erhitzen. Wenn er sich aufgelöst hat, den Sirup zum Kochen bringen und kochen, bis er hellbraun ist. Von der Kochstelle nehmen. Das Quittenpüree in einen Topf geben und bei mittlerer Hitze rühren, bis alle überschüssige Flüssigkeit verdampft ist. Den heißen Zuckersirup zufügen und einige Minuten sorgfältig rühren.

Die Paste etwa 1 cm dick auf ein dünn geöltes Backblech streichen. Abkühlen und fest werden lassen, dann in Würfel schneiden und diese mit Zucker bestreuen. In einem luftdicht verschlossenen Behälter aufbewahren. Das Konfekt schmeckt herrlich zu Kaffee.

Nächste Doppelseite (von links): *pesche fritte* serviert mit *vino cotto* (Seite 177); *fichi vanigliati al forno* (Seite 175)

STRUFFOLI DI NAPOLI
Neapolitanisches Honiggebäck

FÜR 10 PERSONEN:
500 g Mehl
5 mittelgroße Eier
3 EL Zucker
abgeriebene Schale von 1 unbehandelten Zitrone
abgeriebene Schale von 1 unbehandelten Orange
1 Prise Salz
1 EL reiner Alkohol (Weingeist aus der Apotheke oder hochprozentiger Wodka)
Öl zum Fritieren

Für den Sirup:
250 g Honig
100 g Zucker
2 EL Wasser

Für die Verzierung:
25 g silberne Zuckerkügelchen
50 g *cedro* bzw. Orangeat und Zitronat (siehe Seite 21), in kleine Stücke geschnitten
Zesten von 1 unbehandelten Tangerine, in sehr dünne Streifen geschnitten

Dieses klassische Rezept entspringt der Phantasie der einstmals armen Bewohner Neapels, die für dieses Dessert statt teurer Haselnüsse fritierte Teigkügelchen verwendeten. Das Fritieren und der Honig verraten arabische Einflüsse.

Für den Teig Eier und Zucker verschlagen und mit dem Mehl mischen, dann abgeriebene Zitronen- und Orangenschale, Salz und Alkohol zufügen. Den Teig 3–4 Minuten kneten, zu einer Kugel formen und abgedeckt 2 Stunden an einem kühlen Platz ruhen lassen.

Kleine Teigstücke abbrechen und mit der Hand zu Würsten von gut 1 cm Durchmesser rollen. Diese in etwa 1 cm große Stücke schneiden und Kügelchen daraus formen. Die Arbeit dauert eine ganze Weile.

In einen Topf 2–3 cm hoch Öl gießen und erhitzen. Die *struffoli* portionsweise in dem heißen Öl fritieren, bis sie hellbraun sind. Herausheben und auf Küchenpapier abtropfen lassen.

Zur Herstellung des Sirups Zucker und Honig mit dem Wasser in einem schweren Topf erhitzen, bis sich der Zucker aufgelöst hat. Dann die *struffoli* zufügen und behutsam rühren, um sie mit Sirup zu überziehen. Auf einem Teller anrichten und mit Silberkugeln (nicht zu viele), *cedro* und Tangerinenzesten verziert servieren. Sie schmecken herrlich.

TORTA CAPRESE DI MANDORLE
Mandel-Schokoladen-Kuchen aus Capri

ERGIBT EINEN KUCHEN VON 25 cm DURCHMESSER:
200 g Bitterschokolade
200 g weiche Butter
6 Eier, getrennt
200 g Zucker
50 g Mehl
½ TL Backpulver
300 g blanchierte Mandeln, fein gehackt
2 EL Strega (Kräuterlikör aus der Gegend um Neapel)
Puderzucker zum Bestäuben

Unter all den herrlichen Kuchen und Torten des Südens ist die torta caprese *deshalb bemerkenswert, weil man mit recht wenig Aufwand ein prächtiges Ergebnis erzielt.*

Den Backofen auf 180 °C (Gasherd Stufe 2–3) vorheizen.

Die Schokolade zerkleinern, mit der Butter in einen Topf geben und bei schwacher Hitze schmelzen lassen. Zum Abkühlen beiseite stellen.

Die Eigelbe mit dem Zucker schaumig schlagen, dann Mehl und Backpulver unterziehen. Behutsam Schokoladenmischung, Mandeln und Strega unterheben. In einer zweiten Schüssel das Eiweiß steif schlagen, dann behutsam unter die Mischung ziehen. Den Teig in eine gebutterte flache Form von 25 cm Durchmesser füllen und für 30 Minuten in den Backofen schieben, bis der Kuchen gut aufgegangen ist. Wenn Sie einen Spieß hineinstecken, sollte der Kuchen in der Mitte noch etwas feucht sein. Auf einem Kuchengitter auskühlen lassen, dann mit Puderzucker bestreuen.

Nächste Doppelseite (von links): *torta caprese di mandorle; struffoli di Napoli* (Seite 182)

MELANZANE E CIOCCOLATO
Schokoladen-Auberginen

FÜR 6 PERSONEN:

1 große Aubergine, etwa 300 g schwer
4 Eier, verquirlt
2 EL Mehl
Öl zum Braten

Für die Füllung:

50 g frische Brotkrumen
2 EL Milch
60 g Pinienkerne, geröstet und fein gehackt
100 g Zitronat, fein gehackt
30 g Walnüsse, geröstet und fein gehackt
1 TL Zimt
1 TL Strega oder Marsala (oder anderer süßer Likör)

Für den Schokoladenüberzug:

130 g Crème double
2 EL Strega (feiner Kräuterlikör)
200 g Blockschokolade
2 TL Kakaopulver

Dieses reizvolle Auberginen-Rezept von der Amalfi-Küste soll in Neapel entstanden sein und ist in den Städten Positano, Minori und Ravello sehr beliebt. Diese Version stammt aus der Familie meines geschätzten Mitarbeiters Gennaro Contaldos, der aus Minori kommt.

Für die Füllung zuerst die Brotkrumen in der Milch einweichen, dann die anderen Zutaten zufügen und alles gut vermischen.

Für den Schokoladenüberzug alle Zutaten in eine Schüssel geben und ins Wasserbad setzen, bis die Schokolade zu schmelzen beginnt. Herausnehmen und sorgfältig rühren, bis die Schokolade geschmolzen und eine glatte Mischung entstanden ist.

Die Aubergine längs in sehr dünne Scheiben (etwa 2 mm dick) schneiden, die Seiten, welche nur aus Schale bestehen, wegwerfen. Es sollten 12 Scheiben vorhanden sein. Jede Scheibe dünn mit Mehl überziehen, überschüssiges Mehl abschütteln. Dann in das Ei tauchen und abtropfen lassen. In der Zwischenzeit das Öl in einem Topf bei niedriger Temperatur erhitzen. Die Auberginenscheiben darin goldbraun braten, dann auf Küchenpapier entfetten. Auf eine Scheibe etwas Füllung geben und eine zweite Scheibe darauflegen. Die Scheiben fest zusammendrücken, dabei darauf achten, daß keine Füllung herausquillt. Dieses »Sandwich« wieder in das Ei tauchen, abtropfen lassen und noch einmal kurz im heißen Öl braten, bis beide Seiten goldbraun sind. Herausheben und erneut auf Küchenpapier entfetten. Mit der Schokoladenmasse überziehen, auf einem Teller anrichten und servieren. Falls noch Schokolade übrig ist, kann diese darübergegossen werden. Köstlich!!

SGROPPINO
Zitronen-Sorbet mit Pfiff

FÜR 4 PERSONEN:
6 Kugeln Zitroneneis
100 ml eisgekühlter Wodka
2 Gläser guter Prosecco oder Champagner

Hier ein Vorschlag für einen perfekten Menü-Abschluß oder – wenn Sie wollen – zur Unterbrechung eines reichhaltigen Diners. Im Restaurant La Taverna in Palao auf Sardinien beendeten wir unser ausgezeichnetes Fischgericht mit diesem Sorbet, als wir dort filmten.

Alle Zutaten sollten gut gekühlt sein, auch die Gläser, in denen das Sorbet serviert wird. Die Sorbet-Zutaten im Mixer zu einer Konsistenz von festem Schaum aufschlagen und in den eiskalten Gläsern sofort mit Löffeln servieren.

RICOTTA ALLO ZUCCHERO
Gezuckerter Ricotta

FÜR 4 PERSONEN:
500 g sehr frischer Ricotta
120 g Zucker
1 Prise Zimt

Am besten ist Ricotta aus Schafsmilch, der, nur mit Zucker bestreut, ganz frisch gegessen werden sollte. Im Kühlschrank hält sich Ricotta höchstens zwei Tage. Dies ist das Dessert, das wir als Kinder immer bekamen, wenn unsere Mutter viel zu tun hatte.

Den Ricotta auf vier Teller verteilen und mit Zucker und Zimt bestreuen.

ZABAGLIONE ALLA PERA
Birnen-Zabaglione

FÜR 4 PERSONEN:
12 Eigelb von freilaufenden Hühnern
4 EL Zucker
120 ml Williams-Birnen-Likör oder -Schnaps

Beim Experimentieren mit Zabaglione entdeckte ich, daß es viele geschmackliche Variationsmöglichkeiten gibt, wenn man den traditionell verwendeten Marsala durch andere geistige Getränke ersetzt. Den größen Erfolg hatte ich mit Williams-Birnen-Likör, jedoch taten Cointreau, Brombeer- und Himbeerlikör ebenfalls gute Dienste. Mit dem Eigelb als Geschmacksträger bleibt es Ihnen überlassen, neue Kombinationen zu entdecken, vielleicht sogar mit frischen Fruchtsäften wie beispielsweise Passionsfrüchten?

Eigelbe und Zucker in einer großen Schüssel, vorzugsweise aus Kupfer, mit einem Schneebesen zu einer hellgelben, schaumigen Masse schlagen. Den Likör (oder Schnaps) zufügen und gut unterrühren. Die Schüssel auf ein leicht siedendes Wasserbad setzen, wobei der Schüsselboden nicht in das Wasser hängen sollte. Die Creme so lange schlagen, bis sie dick schaumig ist. In Gläser verteilen und sofort servieren – nach Wunsch mit einigen Keksen wie beispielsweise Amaretti.

VINO COTTO
Weinsirup

ERGIBT 250 ml:
500 ml kräftiger Rotwein
200 g Zucker

Jeder, der im Süden Italiens groß geworden ist, kennt vino cotto *– eine dicke Flüssigkeit, die durch Einkochen roten Traubenmosts hergestellt wird. Im Sommer verdünnt man ihn mit Wasser, um ein erfrischendes Getränk zu bereiten, im Winter gießt man ihn über einen Schneeball, den man wie eine Art einfaches Sorbet ißt. Häufig wird er auch für Kekse und Kuchen oder zum Aromatisieren aller Arten von Desserts und Obstsalaten verwendet.*
Da roter Traubenmost nicht leicht zu bekommen ist, habe ich einfach Rotwein eingekocht, was zwar zu einem anderen Ergebnis führt, aber dennoch himmlisch schmeckt. Da beim Einkochen der Alkohol praktisch verdampft, ist dieser Sirup auch für Kinder geeignet. Als er mit Pesche fritte *(siehe Seite 177) für dieses Buch fotografiert wurde (siehe Seite 180), probierte ihn der Fotograf und sagte: »Das ist etwas für Verliebte«.*

Wein und Zucker in einen schweren Topf geben und bei mittlerer Temperatur erhitzen, bis sich der Zucker aufgelöst hat. Die Mischung um beinahe zwei Drittel auf 250 ml einkochen lassen. Nach dem Abkühlen in eine Flasche füllen und im Kühlschrank aufbewahren.

REGISTER